謹以此書
敬獻給——
我的高堂慈母
正慈

文學叢刊之三

驀然回首

殷正慈著

文史哲出版社印行

文學叢刊 ③

驀然回首

著者：殷正慈

出版者：文史哲出版社
登記證字號：行政院新聞局局版臺業字〇七五五號
發行所：文史哲出版社
臺北市羅斯福路一段七十二巷四號
郵政劃撥五一二八八一號彭正雄帳戶
電話：三五一一〇二八
印刷者：文史哲出版社
平裝定價新台幣一四〇元
中華民國七十二年五月初版

驀然回首 目次

甲輯：感舊懷親

——「離別不堪無限意」

乙輯：憶大陸山河——「聊将錦瑟記流年」

丙輯：美國之旅

——「萬里關河驚契濶」

丁輯：澳洲之旅——「紅樹青山合有詩」

戊輯：臺灣風情畫——「醉吹橫笛坐榕陰」

甲輯：

感舊懷親

——「離別不堪無限意」

代序：從老花眼鏡談起

「歸老寧無五畝園？讀書本意在元元。
燈前目力雖非昔，猶課蠅頭二萬言。」

——陸遊讀書詩——

母親今年八十七歲了，來信仍能作蠅頭小楷。她老人家除了有重聽的生理現象外，視力仍極佳，雙目炯炯有神；腦力也極健，記憶朗朗清晰。只是三年前不愼在室內滑跌一跤，腿骨受傷，迄今艱於舉步。幸賴我大姐照料有方，晝夜扶持，飲食起居，十分週到。可嘆我這位么女兒，相距萬里，遠遊無方，心餘力絀，徒喚奈何而已！

尤其早在十多年前，我就已目力銳減，讀書閱報，必須以老花眼鏡自隨。昔人所謂眼底飛花，眼中起霧者，大抵近似。想到母親至今尙不需依賴目鏡，老而彌健，這事使我既安慰、又慚愧。雖古諺有言：「親在、未敢言老。」然老境卻寖寖乎逼人而來，則是不爭的事實。

母親曾敎我以養生處世之道：

第一要養身，起居有時，飲食有節。
第二要養心，知足常樂，淡泊寧靜。
第三要養量，寬恕忍耐，謙虛自抑。

這三點看似老生常談，然做到實非容易。因爲人必須持之以恒，出之以誠地每天去踐履篤行，並非可以一蹴而幾的。這也就是世人何以有的未老先衰，有的卻老當益壯；有的望秋先零，有的卻經冬不凋之故吧？

韓國人有兩句格言說：「一笑一少，一怒一老。」實則一怒豈止一老，一怒有時可引起高血壓、腦中風、心臟病突發等等。三國演義中寫諸葛亮三氣周公瑾，終於氣死了周郎，可見怒氣對人體影響之深且巨。世人多知「酒」乃穿腸毒藥，「色」字頭上一把刀，人爲「財」死等等，但卻比較忽略「氣」字，「養量」之說，想必卽是針對少動怒氣而發。

孟子善養其「浩然之氣」，文天祥曾以天地間「正氣」抗禦人世間七種「邪氣」。韓非子：「西門豹性急，常佩韋以自緩；董安于性緩，常佩弦以自急。」人如能有自知之明，自我修養，寬宏大量，以愛心耐心待人，自可怒氣潛消，清明在躬，靜觀萬物，自求多福。

陸遊曾以「放翁」自稱，其胸襟之曠達可想。他享年八十五歲，是古詩人中高壽之人。他雖然自覺目力非昔，然猶能日課二萬言，其讀書之辛勤可想。我不知在八百年前的南宋，中國是否已發明了老花眼鏡？但無論目鏡有無，放翁這種不知老之將至的好學精神，是深深值得後人景仰的。効陸遊之高壽乃天意難得；然仿其好學不倦，則屬人力，應可以修持得之。

日月逝矣，歲聿云暮，今我不樂，懷思親故。爲了不負母親對我的諄諄訓誨及期勉，但願今後目力不再減，老鏡不再深，靜夜燈前，尚能讀書寫字，庶幾無忝所生。

試步陸詩原韻，寫小詩一首以自遣：

「歸去雖無半畝園，讀書仍擬濟元元。
卅年萬里辛酸意，化作雪鴻淡淡言。」

一九八二年十一月

壽我母八旬晉六

去冬十月初四日，爲我母八旬晉六壽誕。接到老人家親筆自寫的辭，開頭說：

「我所思兮，遙遠無方。
我所棲兮，老無家鄉。
寄居名山，年久日長。
眼看幼苗，成國棟樑。
維我老病，三年臥床。
起居飲食，人為我忙。
心實不安，轉側徬徨。
行年八六，歷盡滄桑。
…………」

後半段頗多參禪頓悟之語，心知慈母又在思念我這個「遙遠無方」的么女了。夜不能寐，抽毫展紙，寫「壽母頌」一則，亦用七陽之韻，並分嵌諸兄姊及我之名於字裏行間。

「棘心夭夭，母氏劬勞！」但願能藉此孺慕，聊慰母心：

「唯仁者壽，唯德者昌。
巍巍慈母，闔族之光。
高齡八六，蘭桂盈堂。
幼苗茁壯，為國棟樑。
手不釋卷，博覽典章。
好學深思，才慧溢芳。
志啓金石，節勝冰霜。
淑慎懿行，薄海風颺。
一枝雖遠，萬里猶傍。
寸草茲心，獻頌稱觴。

頌曰：

如南山之峨峨，如東海之湯湯。
如松柏之長青，如春暉之永揚。
福履康寧，動止吉祥。
萱花璀璨，眉壽無疆。」

一九八二年二月

與我同行

已記不清是啥年月日了，反正是尚在我蒙昧未開的幼稚時期。每年清明前後，照例隨着家人由省城返鄉掃墓。雖僅只兩天的途程，但中間須先乘小火輪，再換大火車，然後改坐轎子。沿途須經奔騰浩蕩的長江和突兀崢嶸的礦山，千峯聳峙，草木不生，只見無數黝黑發亮的巨巖，犬牙交錯，奇偉且奇險。

對於「掃墓」，我並無深刻印象。只是因有野趣可尋、野味可食、野花可採……比呆在城市裏要舒展得多，所以總是滿懷興奮，隨親返里。那年正當掃墓已畢，父親因事已先行離去，孩子們收拾書包，也預備回城上學之際，深夜裏，忽然被一隻溫柔的手，將我從夢中搖醒。勉強睜開模糊的睡眼，燈火閃刺下，發現俯垂到我面前的，是母親焦急的臉：「快起來，孩子，聽說今夜有土匪過境級村，我們要躲到祖墳山上去。」驀然一驚，睡意頓消。一骨碌爬起來，披上一件小棉袍，就一顛一躓地，緊跟在母親身後，向山區跑去。

母親一向是大門不出、二門不邁、十分嬌貴的婦人，不像我們小孩子，平時攀牆爬樹，成精作怪，野得像小獮猴一般。可是今夜，母親卻顯得出奇的鎮靜，無比的勇敢，當全村成年男丁，都攜着鋤頭獵槍，繞村巡邏去了。家中只得靠母親一人，負責領隊，集合了親房中的老弱婦孺，大大小小不下數十人，撥草徑，攀山頭，迤邐而行。

山區距村鎮約五里之遙，白天掃墓時沿途野花匝地，松柏參天，眞像是世外桃源。可是在黑夜裏度逃亡生活，摸索前進時，那兒可變成了「兩面國」。山風寒勁中只聽到此起彼仆的呻吟輾轉之聲；有人喃喃被荆棘劃破了肌膚，有人驚嚷不知被什麼毒物咬了一下，有人怨訴腳小難行，有人叫苦被包太重，……母親不斷地照前顧後，扶老攜幼。在微雲淡月之下，大夥兒好不容易攀上山巔，冀能稍蘇一下喘息時，猛然一聲驚呼，原來是頑皮的我，失足跌下山坡。山勢雖非十分陡峻，可是這一路翻滾，恐怕至少也要喪失一二顆小門牙。幸賴母親卽時奮身躍起，一把抓住我的棉袍角。雖然止住了跌勢，事後檢視，母親手肘間，卻平添了多處擦過傷。

守墓地人全家都出來打招呼，讓我們大夥兒避入一座大地窖裏。那座地窖之大，在我童稚的心目中，覺得眞不亞於天方夜譚中阿拉伯國王豪華的宮殿。窖壁上到處垂掛着玉蜀黍、菖蒲葉、牛角、獸皮、簸箕、釘鈀……種種怪異的流蘇。雖然尚不如想像中宮庭的璀璨和氣派，但已的確夠溫暖、夠寬敞、夠安全、也夠別緻的了。最可喜的是窖中央升着一爐熊熊炭火，不但滿窖生春，而且甘香撲鼻。原來爐裏煨着許多隻大紅薯，火候恰到好處，正在淌溢着蜜色的甜汁，引得飢疲交迫的孩子們，個個涎垂三尺，人人欲得而甘之。母親回頭看了我一眼，大概是發覺到一副饞相，立刻用火筷撥出大小最合適的一隻來，默默地放到我的面前。這隻燙手的大番薯，便成了我的「獨食」。其餘的由家人們一擁上前，瓜分鯨食。母親自己則一口也未嚐，現在回憶起來，在我此後數十年中，曾品嚐過無數次烤鴨、烤火鷄、燒牛排、燻魚……等等，然而所有煨烤的食物，誰都比不上這只烤紅薯的滋味。它既非山珍，亦非海味，只爲它是母親寵我賜我的故鄉土產。

飽餐之後，在地窖中稻草堆上一夜好睡，幾聲繞山的槍響，也未驚醒我的紅薯黃粱之夢。翌晨醒來，用清泉浣漱，用山果充飢，大夥兒言旋賦歸。母親恐我再度摔跌，一路上手牽手攜我下山。沿途鳥語關關，好花微笑相送，與宵來倉皇奔逃景象，大是相異。母親對我說：「昨夜土匪並未入村，幸而只是一場虛驚，明天就回省城去上學，要開始用功讀書了。以後媽媽不再伴你同行，你必須自己處處小心，無論是走平路、或走山路，只要肯步步留神，不怕艱險，勇往向前，總有到達目的地的一天。」

是的，媽媽！離開您這麼多年了，無論是康莊大道，或者是崎嶇小徑；無論是顛沛流離，或者是踽踽凉凉；……在我的心坎中，您仍然與我同行。

一旦決定擧步的目標及方向後，跌倒後再爬起，受傷後不屈伏，遇障礙力求克服，我不再踟蹰，不復恐懼，不敢怠忽，一任它爲天涯、爲海角，都只爲有您與我同行。

一九七七年四月

談么女

么女可爲而不可爲，有幸而亦不幸，何以故？且聽我獻身說法，一一道來：我父輩兄弟七人，雖已早年分爨，然仍聚族而居。七房之後，共有兄弟十三人，姊妹亦十三人。而我產自么房，序列最末，生下來就是一位不折不扣的「么女」。

在衣着方面：么女兒是取之不盡，用之不竭——盡揀姐姐們的剩餘物資。而且不動念、不開口索取新衣則已，一旦動念索衣，立刻就有好幾位嫂姐爭着代織代縫，各自花樣翻新，爭奇鬭勝。因此也就養成么女的依賴成性，缺乏自立自決的能力。一朝獨自步入市場，頓感茫然。如何選料配色？如何量度編織？如何剪裁尺寸？……在別人絲毫不成問題的事，在我竟大大成爲問題。

在飲食方面：凡是被認爲滋味好、營養高、或是物稀爲貴、或是素嗜偏食，……盡量都留給老么。那時也不知膽固醇過多，會促使動脈硬化；過甜過鹹，會引致血壓增高。尤其每逢元旦日，便是我最歡喜也最厭煩的節日。因爲作老么的，必須向各房兄嫂拜年，十幾處兜一圈回來，每位嫂嫂都硬拉着你「塡鴨子」，你如果敬謝不食，便會被認爲不够意思、不給面子。當各種應時果品奠祭了五臟廟之後，常感到喉撐腹塞，有時候甚至腸翻胃攪，且嘔吐，爲佳耳。

在住的方面：兄姊們盡量爲老么求軟、求暖、求舒適，那時尚不知睡硬板床可防老年腰脊痛，蓋鴨絨被將使兒童骨發熱，「殷憂啓聖，逸豫亡身」，做老么的常養就一身懶骨，乃至不能爲五斗米折腰，其癥結想必在此。

在行的方面，尤感慚愧。幼小時常被大人頂戴肩馱，視衆生如「牛馬走」。稍長，更是被呵護備至，出門時經常前導後擁，左扯右牽，沒有踽踽獨行的自由。不辨東南西北，容易走失迷路，本爲一般婦女通病，可嘆么女尤其爲烈。

人何幸而被生爲大家庭的么女，享受到普通人所難得的「福份」；而又何其不幸被生爲孤弱的老么，「天下無能第一，古今不孝無雙。」——紅樓夢中狀賈寶玉之語，轉以之形容么女，可謂恰當。蓋么女不僅無能，且多不孝：由於最小偏憐，常出言頂撞父母；由於驕縱任性，常對家人頤指氣使；由於嬌生慣養，常不能克苦耐勞；更由於年齡的差距，等到終於成長，頗知力改前非，奉養老親之際，可是多已時乎時乎不復再了。

「樹欲靜而風不息，女欲養而親不待。」天下作么女的，當爲此而同聲一哭。

一九七七年四月

悼德禧姪

德禧姪是我嗣兄的長子，爲我母之愛孫。六歲時始離開乳母的提攜，歸祖母躬親撫養。也許由於在家時嬌寵過甚，那年他除了頑皮搗蛋外，尚不識「之無」二字。母親責成我爲他啓蒙，從「人、手、足、刀、尺」「大狗叫，小狗跳。」教起，進步確是十分迅速，不過三個月工夫，他已識得許多最常用的字，然後送入附近小學攻讀。晚上放學回家，祖母經常陪他在燈下溫課。聽到他的琅琅書聲，看到母親略展的歡顏，我這個作女兒的，覺得心血不曾白費，也稍感自慰。

母親才三十多歲就居孀，自從父親突然於一夜之間，不幸患急症逝世後，從此她就失去了往日的笑容。幸賴這位可愛小孫兒的到來，家中才稍稍恢復了一點生氣。七八歲的男孩，正值「狗也嫌」的時期。但無論他如何喧鬧，年輕的祖母，永遠呵護着他，關愛着他，予取予求，從不曾說過半個「不」字。有時我看不順眼，稍稍攔阻一下，母親就不以爲然。但是，唯有在教書時例外，只要姑侄倆一拿起課本，母親就叮嚀他：「要用心聽叔叔的講。」他一直稱呼我爲「叔叔」，也一直視我如老師。這種「姑」兼「叔」職，視「叔」如「

師」之情，在這個世界上，恐怕永遠只有他一人對我是如此的了。

抗戰初期，母親特地攜他輾轉由鄂入川，一方面爲了照顧正在讀大學的么女，另方面也爲了庇護尙在高小的長孫。

在樂山縣洙泗塘畔，我們租賃了一幢小樓棲身，軒窗明朗，格局雅緻。流亡中有此，殊感滿意。那時川西尙未遭遇敵機轟炸，應是當地人民最安居樂業時期。一塊大洋可以買到一百枚鷄蛋、或是一百只橘子。四元錢一個月的伙食費，餐餐有魚有肉。現在聽起來好像「天方夜譚」中的神話一般，但在當時確是實情，並非前世。

我和禧姪常於課後一同在荷塘畔賞月、撈蝦、捉青蛙、掬蟋蟀、數星斗、講故事、聽布穀鳥聲聲催耕，看滿陂塘荷葉田田。他正歡度着愉快的童年，而我也將他的童年編織入我的青春之夢。

可是，好景不常，民國二十八年仲夏，敵機傾巢來襲，在傾刻間將古雅的樂山縣城炸得面目全非。最繁華的商業中心區——玉堂街化爲一片瓦礫場；那倩影亭亭的洙泗荷塘也變爲一坑爛泥漿。到處散發着血腥、屍臭、灰燼和燒焦了的梁木氣味。飲水奇缺，糧食、蔬菜、醫藥等民生用品尤其匱乏。政府呼籲老百姓緊急疏散下鄉。於是，我們不得不拋下那臨時賃就的小窩巢，再度播遷到窮鄉僻壤的「毛鍋場」（不知是否這三字？）因禧姪甫入「樂山縣中」就讀，必須隨着學校遷徙。這時他開始懂事，逐漸沉思，深深地爲我們多難的祖國感到苦悶與徬徨。

當我將母姪安頓下鄉後，自己返回城內工作，在白塔街分租了一所廂房，與邵逸周師全家合住在一幢屋簷下，每週末才能返鄉下一次探視母姪，彼此均感到不便和罣念。幸而不久禧姪考入「樂嘉中學」，轉學返城，一家人才又得團聚。

這是我和禧姪相處的最後一年了，他顯得頗成熟、又努力。功課進步甚速，常自校中得些獎品，如紙筆墨硯等文具，回家炫耀。母親見了，甚爲歡喜。他似特別喜愛文科，經常在圖書館中尋覓古籍，或是在街頭書攤上租賃舊書。是否就是這些陳年的蟲蠹細菌，乘機侵害了他那戰時缺乏營養的脆弱身軀呢？每逢想到此點，我就悔恨嚙心，自責不已。果眞如此，那就是我這位啓蒙老師，將他引入迷途，因而害苦了他。

爲了物價飛漲，我想多賺幾斗米養家，不得不離親遠遊，獨赴岷江下游的江安去爲人師。禧姪親自爲我揹上行囊，送我至江邊搭船。母親一向是具有新知舊德的堅強女性，輕易不肯在人前掉淚。而我受了母教的薰陶，雖非男兒身，卻也「有淚不輕彈」。但是，當禧姪對我說：「叔叔，明年此時，我到江邊來接你回家。」時，我忽然一陣心酸，止不住淚如雨下。「念去去千里煙波，暮靄沉沉楚天濶！」一絲不祥的預感，閃電似地襲上心頭。

在江安一年中，常常接到禧姪家書，報告祖母情況和他本身學業，慰我離懷不少。就當暑假來臨，閱畢考卷，正預備束裝作歸計時，忽然接到一通電報，寥寥七個字：「禧病重、速歸、母字。」打破了我盼望已久的天倫團聚之樂和美夢。

當我逆流而上，沿途換船，船身愈換愈小，心情卻愈變愈沉重。此時我才體會到「歸心似箭」和「只恐雙溪舴艋舟，載不動，許多愁。」這幾句話的眞實意境。

水程整整行了七天，好不容易小舟抵達樂山縣境。碼頭不見禧姪踐履一年前的諾言，親來迎接。但見濁浪滔滔，急流滾滾。一羣軍警橫眉豎目，擧槍攔路。聲言恐有土匪混跡入城，必須詳細檢查行李。這一檢查又浪費了三個多小時，我但覺心驚眼跳，似乎感到母親正在作無聲的招換。上岸後連人帶行李擲入街車，急忽忽返家，剛抵白塔街口，遠遠望見大門洞開，門外紙灰飛揚，十幾位舊日學長，正站成兩行雁字，面上都流露出哀戚之容，向我默然擧手爲禮。

我一語未發，只向大家點點頭，一口氣衝入廳堂，但見空棺橫陳，素燭熒然，臥室中禧姪仰躺榻上，雙眸緊閉，已是長瞑不視了！母親瘦骨支離，哭倒在地。緊緊抱住我說：「女兒啊！如果你能早回來兩小時，還可以見到最後一面，他一直都在盼望着你。」

我無語問蒼天：何以十五歲的靑壯少年，竟爾驟然夭折?!——據說他患的斑疹傷寒，是刼後樂山最流行的瘟疫之一，當時無藥可醫。這檔子事莫非是夢？我希望能趕快從噩夢中醒來。我掙扎、我呼喊、我求證、求解脫，無奈事與願違，事實終歸是事實，這刻骨銘心的悲痛，震撼迄今。三十餘年中，仍常從夢中驚覺，耳畔似依稀聽到他喚我之聲，醒來唯有淚空垂而已！

當年對他的入殮、卜地、營葬、種種身後事宜，多虧許多位學長們熱心協助，使在流亡途中，舉目無親的母女倆，受惠實深。感激之情，誠非這枝禿筆所可形容於萬一者。

猶憶他度十四歲生日時，我曾贈送一件手繡的枕套作爲禮品，上面描摹着兩行圖案字：

「千里白雲隨野步，一湖明月上秋衣。」

是他親自從畫册中選用的，字態翩翩，十分別緻，他當時表示很是喜愛，不料後來竟作了入殮之物。這兩句詩意境衰颯，頗似語讖，象徵他踽踽凉凉，躑躅在荒郊野外，孤獨且落寞。每一念及此詩此事，我就不禁湧起一陣辛酸。

玆選錄禧姪於民國三十年至三十一年間致我函三封，藉見當時流亡生活之苦樂、及其文筆性情之一斑：

㈠「叔叔：好久沒有寫信給你了，因為功課很忙。今夜功課早做完了，就來給你寫信。

我們校裏的教員，大半是武大畢業的，張遠達先生教代數。教幾何的先生姓鍾，教得不大好。教化學的是女先生姓錢，不知是那校畢業的，愛吹法螺。國文先生姓繆，他有一天問我：『殷正慈是你的甚麼人？』史地先生也是女的，姓劉，教得不好。最近歷史聘了陳錫祺先生，他講得很清楚。英文是盧寶媛女先生。上月我們考了第一次月考，這星期又要考第三次了，三次月考後才考期考。

現在校裏開辦了伙食，每餐二元五角。新做了籃球架、排球網、雙槓。樓上修了一教員宿舍。我們這班辦了一個級刊，全班分四組，每人必須投稿，快要輪到我這組來了，請你告訴一點投稿的材料好嗎？

前天接到你寄來詹先生給我的英皇加冕的郵票，很喜歡。你寫信給詹先生時，替我謝謝他。

天氣一天冷一天，我的衣服都短了，大衣也髒破不堪了。問一問做一件布棉大衣要四十元左右的工價，裏面各要一丈二尺布，十四元一斤的棉花，真是苦得很。

我右脚背上的瘡已好了，左腿上的瘡雖沒收口，也在生肉了。謝謝你，時間不早了，要清書包去睡了。敬祝

冬安！

姪德禧上

十二、九、夜九時」

(二)「叔叔：今天是冬月廿四，是你的生日，寫信給你拜生。我本想考完二次月考不久成績單來了，再一齊報告你，那知到現在還沒有，也許不發了吧？上課時先生報分，我地理八十五。童子軍先生說：只有一人考得最好，其次好的就是我，不知有多少分。其餘的分數沒報，不知道。

接到你十二月廿日給我的信，你說給我三張香港郵票，一張也沒有看見，找了

好久也沒有，不知怎樣了？我們校裏大概二月八九號才考期考呢。最近我們省下炭錢，星期三奶奶就替我去做了一件直貢呢（沖呢）棉大衣，共去了一百六十多元。昨晚穿上了身，很覺暖和。我正在寫信寫到『不知怎樣了』，忽然郵差送來你的快信，打開一看，內有三張香港郵票，很喜歡，謝謝你。

敬祝

冬安！

姪德禧上

一、一〇」

㈢「叔叔：好久沒有寫信給你了，因為校裏的功課很忙，每天光數學練習都夠人做，還要寫大字二十個，小字五十個。現在校裏又發下了週記本，裏面印成一張一張的表，有什麼個人的大事記、學校的大事記、國內外的大事記、及感想、讀書心得、反省的優點弱點等，真好似記帳一般。

這季是丁佩珩教我們的數學，歷史是譚英華教，國文是趙君詒教。

這週校裏剛考完第一次月考，從昨天起，我們有三天春假。前天下午我們就沒有上課，同了三個同班到高西門外，去捉金錢魚。今年的金錢魚（卽水母）都在水塘子中間，不易捉。又沒有去年那樣大，那樣綠得好看。昨天下午我又同中、民、森表叔等五人去捉水母，每人捉了一大瓶回家。前天晚下，我一人到電影院裏去看「蠻國風雲」，很好看，花了四元，但還是我去年的壓歲錢之一。

這季三育小學不開辦了，最近我們學校租了三育的低級部，預備搬一部到三育去上課，不知搬高中部還是初中部？據說還有一個月就要搬，現已貼了「此為樂嘉中學，無論任何軍隊，不得據此擾擾」的命令呢。

前兩週內，我看了兩次畫展，一次是豐子愷的畫展，一次是趙望雲的畫展，真是眼福不淺啊！

敬祝

春安！

姪德禧上

四月三日夜」

昔年讀韓愈祭十二郎文：「吾年未四十，而視茫茫，而髮蒼蒼，而齒牙動搖。念諸父與諸兄，皆康彊而早世，如吾之衰者，其能久存乎！」輒爲之感慨唏噓。今歲月奔流，逝者如斯，不僅悲諸父與諸兄之意如之；並悼吾姪之情亦如之。浮雲多幻，世變無端。回首樂山，有憾何如！

附小詩三首

——夜夢禧姪，感而賦此——

㈠ 午夜燈前細論文，情屬姑姪誼師生。
稚骨長埋巴蜀土，天涯永憶未歸人！

㈡ 夢裏猶聞呼小姑，醒來難禁眼模糊。
青衣江上征帆發，感汝臨歧牽我裾。

㈢ 拊塋一慟我承當，祖母何堪使斷腸！
開篋數行遺墨在，丹心素月照寒窗。

一九七九年四月

附註：當年抗日期間，我大後方因敵機濫施轟炸，民不聊生，百物飛漲。譬如在四川樂山一縣：學生伙食費初僅為每月四元，至民國三十年時，卽漲為每餐二元五角；一件棉大衣費用則由三數元漲至一百六十多元。而公教人員薪資未能隨時調整；「流亡學生」以家鄉淪陷，經濟來源更早告斷絕，是以連十四齡童子也在家書中說：「真是苦得很」。

天末懷人

接到老友來函，信中提及潤娟、瓊、緒環三位校友，均已自教育工作崗位上退休，且均已居孀多年。聞訊震悼，衷懷不懌。她們的夫婿，也都是前後期校友。在我的印象中：同學少年，似乎仍然是綠鬢朱顏，風流自賞的人物。何以望秋早凋，未冬先謝？轉瞬間竟已走完了他們生命的全程？

涼風起於天末，緬懷故人，爲寫六言句三首：

㈠ 子規向晚啼血，苦喚人間離別。
臨風悵想嬋娟，不忍問君圓缺。

㈡ 瓊樓玉宇清絕，一樹梅花如雪。
別來風雨驟驚，不忍夢君棎月。

㈢ 風環水珮誰惜？阻斷卅年消息。
荷殘葉燼雲深，不忍望君天北。

一九七八年七月

拜訪蘇雪林師

一九七八年十一月十一日，在臺南市東寧路十五巷五號，一幢花木扶疏成功大學的教職員宿舍中，我們拜見了蘇雪林老師。

我說我們，是指高雄煉油廠李總廠長夫人林青蓉和我兩人。

青蓉是位青年女才俊，相夫教子之餘，經常須推動全廠員工眷屬的工作活力和團隊精神，如歌唱、賽球、縫紉、烹飪、編織、繪畫、游泳、健行、打太極拳、入教堂聽道……等等，無不事必躬親，以身作則，是一位大忙人。這次卻從百忙中抽暇與我偕行，一方面因她很客氣地要盡東道主之誼；另方面也因她是蘇老師的忠實讀者之一，仰慕已久，希望能夠有緣識荊。

在那間滿佈着圖書和字畫的會客室中，蘇師很高興地殷勤接待我們。她老人家自從去年初跌跤傷腿後，尚未完全康復，需扶杖而行。且喜她精神仍然矍鑠，鬪志依舊昂揚，圓圓的面孔上仍時時展現出那種我所熟悉的有如嬰兒似的純眞微笑，使我心亦隨之而坦然舒暢。

蘇師深深地關切着在北市的衆多師友，特別致意問候校長雪公伉儷的起居及健康。在短短的一小時中，她既忙於談話，忙於斟茶，又忙着找出她的大著多册，簽名分賜，更盼望我們能留下來和她共進晚餐。她說自從昨天接到我要來探視她的短簡後，就已忙着預備些菜餚了。

坐視老人家如此懇切和忙碌，使我們深感歉仄不安，既未能稍盡棉力相助，反而增加額外麻煩。當時間悄然飛逝，傍晚廠內尚另有節目，縱有無數款曲待敍，也不得不起身告辭。蘇師狀頗悵悵，叮嚀我盼常通消息。並說俟開春後天氣轉暖，她也擬赴臺北一行，另訪良醫，治療足疾。

踏過那滿庭的芊芊芳草，趁着薄暮金色夕陽的璀璨餘輝，我們和蘇師一同倚在戶外一排紅磚牆旁，照了幾張合影，作爲此行的紀念。

蘇師送給我們的書，爲「綠天」、「棘心」、「雪林自選集」、「風雨鷄鳴」及「民間趣味故事」等多册。遠在四十年前，我就已拜讀過她的成名作「綠天」和「棘心」。她是「五四」運動時代文壇上傑出的青年女鬪士，文筆之清新流麗，感情之奔放眞摯，光芒四燦，膾炙迄今。當時「綠天」曾再版六次，「棘心」曾再版十餘次，風行紙貴，盛極一時。

今日開卷重讀，「綠天」已由四萬餘字增訂至十三萬字；「棘心」亦由十二萬字增訂至十八萬字以上。可見其精勤敬業，用心良苦。其他較晚諸作，如「歸鴻集」、「天馬集」、「風雨鷄鳴」、「雪林自選集」……等等，無不情眞語摯，盡態極姸，慷慨悲歌，涵蓋萬有。並非如作者所自謙：由於「光陰滿滿裝了一口袋。」乃是由於她的靈心慧性，加上五十年教學相長，鍥而不捨的功力，因而使她的寫作，更上層樓，「波瀾入老成」。

她不僅是一位天才橫溢的作家，也是一位著作等身的學者。如她早年所寫的「唐詩概論」，以及近年完成的「中國文學史」等學術研究，均皆精簡扼要，文辭雅麗。造詣之深，實無庸我在此置喙。

只是她年事漸高，退休日久，長姊淑孟又不幸於五年前在臺病逝。蘇師孑然獨處，足疾未痊，生活起居上的不方便和精神上的孤寂感，是可想而知的。這事使散在各方的校友們，都未免放心不下。

她客廳四壁，尙高懸着淑孟女士和胡適之先生的遺照。另有一幅孫多慈教授爲蘇師本人所繪的巨幅彩色油畫像，面含微笑，神采奕奕，眉宇間隱隱流露出一種秀挺之氣。這已是二十多年前的畫像了，不禁使我想起大約四十年前，蘇師在珞珈山授課時的模樣來。那時她方當盛年，服飾樸素，意態昂然。她在「棘心」中曾用「清水出芙蓉，天然去雕飾」兩句詩，形容留法女生「陸芳樹」的風采。我想：將之移來轉贈給她自己，才最爲恰當。

她、「讀書破萬卷，下筆如有神。」；她、「疏瀹五臟，澡雪精神。」她、「登山則情滿於山，觀海則意溢於海。」滔滔汨汨，無一字不自肺腑中流出。也就是由於這一顆「永久的童心」，因而使她的筆底永恒洋溢着眞、純、清、美，從而超邁羣倫，迥絕塵表吧！

我們謹在此祝福她老人家和她的寫作，還有她對於文學與人生的這一份愛心和執着精神，將與山河同壽。

一九七九年元月

悼孫多慈姊

從蘇師雪林家告辭出來，想到她客廳牆壁上所掛的那幅非常搶眼的巨大彩色油畫肖像，是出之於孫多慈姊之手，一路上使我惆悵不已。

啊！不見多慈姊已經快七年了。她那雍容華貴的風韻，那溫柔文靜的性情，那誠懇待人的態度，和那融貫中西的才藝，一切是如此美好，如此超羣，眞是一位可遇而不可求的可人兒。「方言」上說：「美心爲窈，美貌爲窕。」多慈姊誠然是既美於貌，更美於心者。

自從那年在紐市街頭與她握別後，初尚魚雁偶通，互報平安。後來我擧家遷澳，奔走連年。她亦時美時臺，行蹤靡定。竟像斷了線的風箏一樣，終於失去聯繫。兩年前某日，我在墨爾鉢市應一位青年朋友之邀，到她家作客，餐後向她借幾份航空版的中文報紙看。忽然在一則小消息中，發現「孫多慈教授不幸因癌症在紐約病逝」的噩耗。這幾行字像魔鬼一般在眼前搖晃，擴大，變化。使我震驚、使我愧疚、更使我憤恨。驚的是她竟患了如此絕症，愧的是事先我卻毫不知情，恨的是老天爺何以這般不公？如此蕙心紈質，竟爾早歸塵土！難道眞的是「世間好物不堅牢，彩雲易散玻璃脆！」？

回憶初識，我和她同住在臺北市羅斯福路一條巷道內。她住巷頭，我寓巷尾。每天清晨七時左右，常不約而同地走到巷口，相視一笑，莫逆於心。然後一個投東，一個往西。直到薄暮時分，常又不期而遇地在巷口碰頭。也不知道是誰先開的口：「貴姓？」「大名？」「啊！久仰！久仰！」這兩字絕非虛文，的確是仰慕已久。

她原來是鼎鼎大名的女畫家，正在師大執敎，而我那時在臺大授課，她也曾聽人說起。從此，我們不僅是朝夕晤面的芳鄰，也變成淸談忘倦的知友。

兩家間大門前橫亘着一片稻田，微風過去，穗浪起伏。她的兩位公子，那時尙在讀小學的階段，每聽到我們談笑的聲音，立刻自室內雀躍而出，歡迎母親的歸來。而我家豢養的一隻小犬「琥珀」，也狂吠着絕鍊而出，直向主人身上猛撲。一霎間稻田邊洋溢着歡快和溫馨，彼此各爲對方佇立移時，互訴心曲。

現在回憶起來，那種偶然的遇合，那種純淨的友誼，今後恐將渺不可得了。目前像鴿籠式緊緊密封着的高樓大厦，似已隔絕了一切人際間的關愛和情誼。有些人身居高樓之上，四週還刻意地密佈下鐵欄銅檻，地網天羅，森森然作監獄狀，將自我囚禁起來，以求與世隔絕。且別說「要愛你的鄰居」了，就是想向鄰居偸覷一眼，亦非易事。

去秋，我曾特地走訪故居，閒尋舊蹤跡。不料昔日的朱門碧院，早已片瓦無存。那塊閱盡滄桑的大稻田，亦不知何時隨風而去。但見平地上起了一座巍峨的樓臺，鐫刻着「耕莘文敎院」幾個大字。

想丁令威當年化鶴歸來，雖感人事全非，且幸城廓如故。現代臺北人自海外歸來，將昨舌於萬象變化之速，徘徊故址，恐只剩下半街惆悵和滿城迷惘吧？

話扯得太遠，現在再說回來。我和多慈比鄰而居，約有三年之久。似在民國四十七年左右，她的繪畫得到中華文藝藝術方面的首獎，名重當時。我特地到她家去道賀，看到牆上正高掛着那幅獲獎的「鹿苑圖」。三隻梅花鹿母子相偎，含哺而嬉，氣氛祥和，寄託遙深，使我大爲欽羨。多慈姊說：「等我空了，照樣畫一幅送給你。」這句話使我竟癡癡地期待了三年。

三年後我終於獲得她手繪的一幅佳作——「楓林紅葉圖」。那時我們全家遷美已久，她則應薛光前博士之邀，在聖若望大學開個人畫展，乘便來舍間小住。時逢紐約市夏季例行的大規模街頭畫展，週末由外子開車，載我們到各處露天場所參觀。（在 Washington Square 附近和 N,Y,U, 附近）走到精疲力竭，看到無數光怪陸離的作品。賴多慈姊一一指點，使我這門外漢，也能略窺門徑：何者創意新？何者爲敗筆？何者不够水準？何類畫派，具有何種特色？

「你瞧，這一幅海浪，用筆全是一片一片的，有點像中國畫的皴法。」光陰流逝雖已逾二十年，不料她偶然說出這幾句話時的輕柔音調，仍常常廻旋耳畔，恍如昨日，誰能說一剎那不會成爲永恒？

當她開個展那天，到中外來賓多人，她當衆揮毫，示範畫了一匹駿馬，昂首嘶風，氣韻生動。一向聽說她是徐悲鴻大師的得意弟子，果然名師出高徒，的是不凡。會後，多慈姊舊話重提，提到未暇重繪「鹿苑圖」，欠債難安。特地親自取下一張橫幅「三駿圖」見賜。我們卻說尺寸太大，蝸居太小，恐難容蹄，希望掉換小件。多慈姊遂囑我們自行挑選。於是，這幅尺寸最小的「楓林紅葉」，脫穎而出。它只淡淡的幾筆，卻有疏林重疊之美。融合中國意境與西方水彩畫法爲一，功力深厚，灑然脫俗。從此，這幅畫就隨我飄洋渡海，漫歷三洲。迄今仍高懸牆上，不僅使蓬壁生輝，更令我覩畫思情，永懷故人。

猶憶會後不久，有位朋友託我代購多慈的畫，指定要那張尺寸最大的彩色「秋景」。多慈姊將畫交給我時，卻說：「爲了它尺寸太大，畫桌太小，我只得將紙張鋪在地上，雙膝跪下揮毫。整整畫了兩週，完成時連腰都直不起來。現在要我出讓，眞有點依依不捨呢！」從而我瞭解一位畫家作畫是何等辛苦，由開始到完成，必須全神貫注，小心翼翼，如保赤子，如護奇珍。難怪有許多畫家，要將他們最得意之作，列爲非賣品哪！

有一次她遠從新澤西州打電話來，邀我同去拜訪剛抵步的女畫家吳詠香。驅車到達目的地後，看到吳教授正在伏案作畫。她身形瘦弱，狀頗疲憊，萬里遠征，只爲在海外弘揚和交流祖國的文化。我不禁由衷欽佩，且爲她的健康躭起心來。

多慈姊卻說：「有些貴婦人們，此時正在打牌、看戲，或是飲冰、聊天。而我們畫家則在揮毫作畫，揮汗如雨，何其寂寞？何其辛苦？但因爲自己旣然選擇了藝術，藝術便是我們的第二生命，在我們有生之年，豈敢不自我努力？不自我鞭策呢？」

又說：「當一幅旣成，其樂趣遠在串門子、看電影、鬭鷄走狗、酒食遊戲相徵逐種種世俗娛樂之上。這種辛苦後的『成就感』，可爲知者言，不足爲外人道也。」

天下沒有偶然成功的事，觀之多慈姊與吳女士的辛勞和成績，我始信然。（按吳詠香敎授已在臺逝世多年）

此刻，我握管追思，悲潮騰湧。所憾不能起逝者於九泉，重聆笑語！多慈姊，您已辛苦一生，願您安息！「人生苦短，藝術永生。」您的綽約丰神，雖已歸於塵土；然而您的辛勤傑作，必將傳世不朽。

「似此星辰非昨夜，爲誰風露立中宵？」午夜低徊，難以成寐，爲集李商隱句，成絕句三首，敬悼故人：

㈠「未信河梁是別離，桂花尋去月輪移。
星沉海底當窗見，珠箔飄燈獨自歸。」

㈡「小閣塵凝人語空，憐君孤秀植庭中。
永憶江湖歸白髮，二年歌哭處還同。」

㈢「蠟炬成灰淚始乾，夜吟應覺月光寒，

西窗碧樹今誰主？忍委芳心與暮蟬！」

一九七九年元月

悼天才畫家席德進

一九七六年，我從澳洲返國不久，在龍門畫廊參觀「席德進畫展」，看到那些簡單的構圖，豪邁的筆觸，水墨淋漓，氣勢蒼茫的水彩畫時，使我不禁打從心底發出一陣驚喜的呼聲。啊！就是它，是我多年來夢寐追尋的故國河山和田園風貌。那凝重的紫、那空靈的綠、那神秘的黑、那深邃的藍、加上幾抹似有若無、流動不居的透明煙水，顯得光與影的配合是如此自然而生動，新奇又蒼古。作者是誰？誰？對了，站在角落裏那位蓬頭亂髮，兩道豎眉，一雙弔眼，嘴角上掛着一絲嘲弄，神態既粗獷又灑脫，服飾既新潮且怪異，操着一口四川官腔，正和一羣圍觀者在高談濶論，這位十分「性格」的不覊之士，必是畫家本人無疑。

當場買了一册「席德進畫集」，趨前去請他簽名，他毫不遲疑地抽出一支巨型原子筆，在扉頁上簽下三個「疏影横斜」的字。這就是我第一次見到席大師的面，那種天生的藝術家氣質，使人一晤難忘。此後在歷史文化博物館、在故宮博物院、在藝苑畫廊、在電影「香火」的鏡頭中，都曾驚鴻一瞥地見到他以強者的姿態出現。或是哂然冷笑，或是口沫噴飛，揹着一只大黑皮包，身邊經常圍繞着一羣年輕的仰慕者。在如此環境中，他的神態、卻總似透露着一絲落漠和孤傲。

在臺灣衆多畫家內，紹啓特別欣賞他，認爲他融合中西繪畫之所長，在作品中找到了自己的風格。他對於藝術的純眞和執着，是現代畫壇上特立獨行的矯矯者。去歲早春，爲了友人一樁盛典，紹啓還曾鄭重其事地到畫廊去選購他一幅波光橋影的水彩畫，作爲虔誠的賀禮。

自從今夏報紙上登出「大師病矣」的消息，我一直爲之惴惴不安。據說他患的是胰臟癌，胰臟是否就是古中醫所說的：在膏之下、肓之上的人體之絕境呢？我黯然爲之祈禱。雖然大師並不認識我，那又何妨？藝術的傾訴與關懷，其間原無任何隔閡的。

今年六月十六日是他六十初度，在阿波羅、版畫家、龍門三處畫廊、同時爲他擧行油畫、水彩、水墨最後一次生前畫展——醫生宣佈他大約只有兩個月的壽命了。我分別趕到三處參觀，居然很有「藝術緣份」地在龍門畫廊又碰見他適時步入。一羣人像衆星捧月般前簇後擁。大師身着黑緞團花清代補褂，胸前掛着一枚巨大的水晶錘。形銷骨立，髮疏髭蒼，與當年在此處初次邂逅時神采奕奕模樣，迥不相侔。所幸他雙眸尚烱然有光，見人頻頻打着招呼，發出難得一見的微笑。無論是補褂朝服也好，是粗頭亂服也好，卻絲毫不掩他那藝術家的獨特本色。夾在閃閃的鎂光燈中，我也搶着爲他拍了幾張最後的彩色照。

大師是四川南部人，隻身在臺，終身未婚。足跡曾踏遍美、英、法、德、意、荷、比、瑞、西班牙、土耳其、希臘、泰國、香港……等地，以在巴黎居留作畫時間較久。他自稱五歲時開始習畫，以全校之冠成績畢業於杭州國立藝專，師承林風眠，獲益甚深。經過如許悠長時間和遼濶空間的摸索和奮鬬，終於認識了孤獨，選擇了孤獨。他以藝術創作視爲永恒的戀人，以臺灣的美麗山河作爲心靈的藍本。他自述：「就我來說，我在島上四處探尋與苦索的代價，是我終於完成了我迥異於其他畫家的，觀照臺灣的視點。我掌握了這塊土壤的眞實，它不是來自理論，不是來自宣傳，而是來自我忠實的生活，來自我無遠弗屆的足跡，來自我關懷的視野。我畫出這塊土地和民族的遺緒，在我看着它、聞着它、踩着它的同時。

我把握了臺灣的眞實，那是用血淚汗與艱辛換來的，還有寂寞和茫然。」

原來就是靠這種藝術的昇華，來塡補畫家心中宿命的苦楚與空虛、悽愴和無奈嗎？

當我徘徊在阿波羅畫廊，參觀他的油畫展時，一位素昧平生者突然指着一幅身着清代貴婦紅襖的窈窕女郎繪像對我說：「瞧，這是他在香港時的崇拜者之一，他給她畫像，她愛他才華，雙方已談到婚嫁，但他終於回來臺灣，依舊選擇了獨身生活。」

會場中，人們紛紛議論着席大師的羅曼史；也有人談起他那初戀的情人，如何山遙水遠地由杭州輾轉捎來一封信、和那塊掛在胸前的水晶石。有人稱他是「傳奇畫家」，有人評他爲「藝壇鬼才」，有人讚他是「一顆孤獨的星」。他自己呢？則曾自許爲梵谷的後繼者。

他在巴黎曾親謁梵谷之墓，寫道：

「我走出墳場，踏上歸途，殘陽照着山野，把大地染成一片傷心的紫色。教堂的黑影，傳出沉鬱的鐘聲。我直直地望着遙遠的天際，拖着我孤獨的身影，我突然高聲向天空中震喊：

『啊！梵谷，你是我們的榜樣。』」

這聲音似乎尚廻蕩在天地之間，可是八月三日凌晨，大師終於去了！「人生短暫，藝術永生。」他留下如許多的遺憾在人寰，也留下不朽的慧心和永恒的虹彩。

泰戈爾曾說：「藝術家是自然的情人，所以他是自然的奴隸，也是自然的主人。」啊！大師，你已與藝術結合為一，是自然的情人、奴隸、也是主人。你已完成了自我一生的心願，不會再感到寂寞和茫然，你安息吧！

一九八一年八月

梅情

老友遠自萬里外來鴻，感謝三十多年前，我曾爲他倆作的大媒。迄今伉儷倆早已兒女成行，蘭桂競秀；白頭偕老，福慧雙修。蔗境乃如此甘甜，誠足令人欣羨。他寫道：「詩與幾回因柳絮，梅情卅載憶南山。」「梅情」者、「媒情」也。儘管歲月奔流，總算還有人不曾完全將「媒人丟過牆」，呵呵！

由於他倆的「憶梅」佳什，加上電視機中不斷播放出「梅花梅花滿天下，越冷它越開花。……」的流行歌曲，使我不禁也深深地懷念起當年家住紐約時，向友人處乞得的那盆白梅花。客窗下一枝冷艷，寒香浮動似昔時。對於去國懷鄉者的憂深思遠，亦足慰也。

十年易逝，滄海如沸，花已萎，人已去，萬物皆生變化，所幸故人之心猶如故。此梅雖非彼媒，然感物懷舊之情則一。特從那往事梢頭，擷取當時所詠小詩，聊以誌我今日霜根老梅之念：

——乞梅詩二首——

（一）

翩翩裙屐訪瑤池，為乞蓬萊玉一枝。
冰蕊綻開仙掌露，暗香沁透月光絲。
素心常慰客千里，傲骨唯容酒一卮。
珍重故人培護意，幽軒淨水供蛾眉。

（二）

虬根本自種靈台，疏影橫窗入夢來。
數點溫柔抱芳至，一襟孤潔傲霜栽。
羞同凡卉爭春媚，獨倚高枝冒雪開。
回首湖山清絕處，星辰昨夜立蒼苔。

一九八一年十一月

中秋之夢

一輪皓月當空，一盞風燈低懸，一片布帆高揚，一顆鄉心悸動。我徐徐打槳在揚子江上，向夢境輕移。

我回來了，媽媽！您能等待我嗎？

我知道，我知道，您已是風燭殘年，多病、多愁、多難、多災！

加上，日日夜夜惦念着久客未歸的遊子。

但是，知道了又如何？不知道又如何？

猛然間從夢幻中跌回現實——露冷、風寒、星稀、月黯。

不夢也相思苦，便夢也更相思苦！

母親，今宵，在天和地、雲和月、您和我之間，只靜靜地瀰漫着「相思」兩個字。

一九七八年十月

相思子——紅豆

紅豆，生於南國，一名相思子，草本而木質，具蔓性，有莢，產於相思樹上，其外形略如心狀，色鮮紅，光澤明艷如珊瑚。墾丁公園區附近產量甚豐，當地女郎將之加工，串成項鍊手鐲等飾物，沿途兜售，每粒一元。以深愛其顏色，費百元錢購得一串，可作紀念品，亦可以寄相思也。爲寫俚歌「我所思」十三闋：

一、我所思兮在武昌，敢抛紅豆寄江鄉。
雲深親老笳聲急，焉得萱花護北堂？

二、我所思兮在洞庭，平生親舊隔重城。
相思一夜隨風發，涷雨敲窗點點情。

三、我所思兮在漢陽，龜山禪寺霧蒼茫。
朱絃不為歡歌發，感舊重臨一斷腸！

四、我所思兮在漢口，繞堤曾種張公柳。
樓高風動月華生，浩渺鐘聲傳北斗。

五、我所思兮在樂山，青春錦瑟憶岷川。
星辰璀璨人初靜，聯臂踏歌河上還。

六、我所思兮在峨嵋，象池金頂幾徘徊。
故峯不解客心苦，時遣佛燈引夢回。

七、我所思兮在玉關，油田井架旐翩翻。
黃沙白雪鎔今古，冰汗凝鬚馬不前。

八、我所思兮在黃浦，龍華寺外傾城舞。
翠袖名駒去不還，江南江北桃花雨。

九、我所思兮在羊城，古榕深處近鄉情。
蘭苑清談如昨日，征衫華髮暗塵增。

十、我所思兮在澳洲，雪城墨市賦登樓。
舞榭歌舷如夢寐，槳聲燈影又經秋。

十一、我所思兮在紐約，挑燈課讀倚高閣。
開窗四面見滄海，一夕相思白髮落。

十二、我所思兮在臺灣，鵝鑾皓月照千山。
太魯閣深何寂寞？溪聲喋喋不知年。

十三、我所思兮在珞珈，靈峯秀水孕奇葩。
長鋏短詩歌一弄，湖山五月落梅花。

一九八一年四月

乙輯：憶大陸山河

——「聊將錦瑟記流年」

憶珈珞之梅

「我與梅花有舊盟，此身端合住山林。虬枝老幹垂垂發，冰雪玲瓏天地心。」閒來無事，這是我所寫的打油詩「珞珈雜憶」之一。

凡是住過珞珈山的朋友，大概都還記得那兒的風光之美吧？不僅黌舍巍峨，佔湖山之勝，最難忘的，應是梅花如海。

每逢花時，萬樹爭發，衝寒冒雪，傲骨凌霜。當你置身於衆香國中，目所見，鼻所嗅，心所感，乃知花深如許，使你沉迷癡醉，如夢如幻。

白晝裏，多半遊人如織，未免憾其塵囂。因之，我通常揀在月夜時，獨自躲入花叢深處，去享受那「疏影橫斜，暗香浮動」的滋味。月下的淸姿，特別顯得孤傲、峭寒，站久了，風露悄然，此心似與梅花合一。

有時，在淸晨，冒着嚴霜曉露，去踏雪探梅。我說「探梅」而非「尋梅」。因爲在珞珈，梅不須「尋」，它就開在窗前，映在水畔，倚在坡邊，綻放在幽溪深谷之間。曠野的風，偶然噓拂，你就會感到梅花的呼吸，向人撲面而來。

對於那漫山遍野，觸手可及的梅花，我們眞是淸福不淺。只可惜人在福中不知福，在當時，我竟不知那就是福，也是緣。

此後胡馬東來，河山易色，當我們隨校西遷樂山之後，這才憬然驚覺，這樣一片光影迷離，低徊無盡的香雪海，竟然向它告別了。

此後便是流亡、轉徙，四海萍飄，一別三十年，不再回到故鄉，也不再見到珞珈之梅。

去年在澳洲，八月裏，正是南半球之冬，景象蕭條，草木黃落。値此興致索然之際，忽然感到有一縷生意，發自鄰牆。定睛看時，不禁又驚又喜。原來那是一樹紅梅，先春吐蕊，丰神綽約。其色、其香、其韻致、其風華，與珞珈春色，幾無二致。

往事一霎間兜底上心頭，珞珈山，你在那裏？「香雪海」，你是否別來無恙？去國多年，在我潛意識中，仍不時感到魂牽夢縈的，原來就是你。

此後不久，東鄰西舍，不斷有花光照眼；人行路上，也常見老梅夾道。公園裏，更是雲蒸霞蔚，繁花似錦，紛白燦紅，盡態極姸。雖然已不再引起我那種乍見時的驚喜。但是覩景懷鄉，能不與故國之思？

昔人詩：「故人天上有書來，責我疎愚喚不回，兩地同瞻千里月，十年不寄一枝梅……」他責備得大有道理，雖然是異國瓊瑤，又豈可不一枝遙寄？因之展紙濡毫，寫下了這篇隨筆，敢向久違了的朋友們獻上野人之曝。

明知故國神遊，無補於時艱。但願明月梅花，能諒我客愁之無奈。

一九七五年四月稿于墨爾鉢

憶珞珈山女生宿舍

「蝶宮展翼撲蒼崖，倚枕湖聲拂面來。
最憶小窗明月夜，青燈青史論清才。」（「珞珈離憶」之一）

女生宿舍，在水之湄，兩翼角張，形頗似蝶。是以有「蝶宮」之譽。樓高三層，室容二友。雕欄玉砌，水木清華。若論巍峩崇宏，誠然不如「天、地、玄、黃……」等齋。（男生宿舍，以千字文分區）然而玲瓏別緻，則遠過之。至其名氣之大，更是遐邇皆知。這乃是因爲「樓不在高，有仙則名；室不在大，有書則靈。」之故也。

當年我曾戲將劉禹錫的「陋室銘」，竄改數字，易爲「小樓銘」，用以誌我女舍之盛，好在全文不長，續錄於次，以饗好問者：

「……斯是小樓，唯吾德馨。湖光映階綠，山色入簾青。談笑皆學士，往來無白丁，可以研萬象、閱羣經。無市聲之亂耳，無人事以勞形。華中道蘊舍，三楚易安庭。顏子云：『何小之有？』」

結尾引用顏淵語者，乃因我輩是學生身份，彼顏氏之子，爲孔門高弟，地位適同，且曾簞食瓢飲，居於「陋巷」，用他的眼光來看我們的宿舍，豈非更顯得猗歟盛哉？

當時全舍同學，約共五六十人，在顧師友如的領導之下，融融洩洩，同心合德，有如一個大家庭一般，和諧而愉快。顧師那時很是年輕，兩位小世兄，似是尚在讀初小的階段。她以一身兼爲人妻，爲人母和爲人師的重責，洞澈輿情，從容庶務，才思敏慧，風采翩翩。同學們心儀其人，對她十分傾倒。

除了師友之外，宿舍中有兩位響噹噹的當年「風雲人物」，不可不記。一位「老方」，職司看門。他日夜都守在那間斗室中，大有「一夫當關，萬夫莫前」之概。但請別誤會，以爲他是一位糾糾勇士。恰巧相反，他乃是一位慈眉善目，腰脊微曲的長者。待人接物，態度謙和。應對週旋，中規中矩。就好像是受過專門而傳統的禮節訓練似地，使得我們這一輩野得像風一樣的年輕人，在他面前，也不得不收斂幾分。

每天下午，到了會客時間，便是老方最忙的時刻，時常看到他傴着腰、喘着氣，踏着沉重的步伐，蹣跚地爬上二樓或三樓，輕輕地敲響房門，然後探首入室，悄聲地說：「某先生，有客會。」同時高擧起他手中的一張「會客條」，讓你看清楚上面龍飛鳳舞的簽名式。於是你就瞭然於是誰來訪？因何見敎？心理上也就有所準備。

別以爲這是鷄毛蒜皮的小事，不足掛齒。其中可大有道理在，當時因習慣成自然，懞然不覺。到後來比較之下，才知道老方之所以爲老方，實在是擧足輕重的。

抗戰時學校西遷樂山，女生宿舍移住在白塔街一幢四層樓上，全部白色建築物，頗爲堅實雅淨，當時亦有「白宮」之譽。在那小小的縣城中，應算是首屈一指的「最佳」宿舍了。可是那位門房先生，「忘了姓啥）年紀比老方輕了很多歲，腳力卻比老方懶了許多倍。他從不曾挪移玉趾，上過四樓。總是站在空場子上，面對着一排樓窗口，扯着大嗓門，打着四川腔，高喊：「某某某先生，有客會！」聲若巨雷，震動屋瓦，喊了一遍又一遍，驚動左鄰右舍，不時有人伸首出窗，探看究竟。而那位被如此巨吼，提名道姓的人哩，在衆耳昭昭之下，心理上未免有點嘀咕；既不曾看到「會客條」，也不知來者何人？有何貴幹？更不免有些惶惑。二者相形之下，老方的作風，忠勤職守，設想週全，豈不是可圈可點？

另一位「老姚」，職司打雜。生得五短身裁，面目黎黑。從外形上看，似乎其貌不揚。然而相處既久，才知他內質極美。「雖曰未學，吾必謂之學矣。」以貌取人，就未免失之老姚了。

作爲一個「女生」，聰明才華，絕不亞於任何人。唯一遺憾，先天體力較弱，肩不能挑，手不能提。凡是要用力氣的苦差事，只得一概交與老姚去辦了。包括每個學期終結時的捆鋪蓋，搬行李；每個週末進城及返校時兩趟山路跋涉，隨身所攜的過重物件。

我們的宿舍，依山臨湖，風景絕佳。但也因此而坡度較高，山徑較陡，距離校門外那幢石砌的「候車室」，更相當遙遠——必須翻過一座主峯，再下降至谷際湖邊，別無捷徑可循。晴天尚勉可安步當車。如果碰上飄風驟雨，或是堅冰積雪之時，便有「行不得也」之嘆。

這時，老姚就挺身而出，一肩擔當。經常看到他挑着沉重的籮筐，兩端裝滿什物，如書籍、水果、小包裹、手提箱之類，不是急忽忽地從南到北，便是氣咻咻地自北而南，往返奔波，愈是週末愈忙。我們心中雖然也感到太多的抱歉，但他自己卻認爲是本分職責，毫無怨言。你如果向他道謝，他總是滿臉笑容，把頭輕點一下，作爲回答。

我常想：他恰像是一隻沙漠中的駱駝，「任重而道遠。」永遠默默無言地爲人類服務。可是駱駝老拉着一副長臉，面無表情，從不微笑，也不知它心中倒底是願還是怨？而老姚哩，總是以微笑來表示他的心情愉悅。這種樂天的態度，也常感染到對方的心境，使人覺得輕鬆舒坦，這是他別具慧根，得天獨厚之處。

老姚除了胸襟開朗、克苦耐勞之外，還有一大長處，就是記憶力特佳。每天下午，當他採購的時間到了，他就挨室敲門，探首悄問：「某先生，你要買甚麼東西嗎？」

「我要買花生米、牛肉乾。」

「藍墨水一瓶、練習簿兩本。」

「合作社有菊花茶賣嗎？給我帶二兩回來。」

「………」

不知老姚所受的教育程度如何？但我認爲他是讀過書、識得字的。因他稱呼每位「先生」的姓名，都很清晰利落。不過，我從未見他當場拿出紙筆來，記錄下這些零碎的差使。只是「嗯」了一聲，點頭而退。到時候，他從老遠的合作社處挑擔回來，就又笑吟吟地逐室分送，各物點交，賬目清楚，從未見他出過差錯或紕漏。像這樣可驚的記憶力，誰能稟賦了，想必考「聯考」，考「託福」，都用不着開夜車，而可以視青紫如拾芥了吧？

屈指算來，時逾多年，老方倘仍健在，應近九十歲了。老姚曾隨校入川，晉昇職員，這是他本身的德能，應享的級位。但不知他們晚境如何？康強是否猶昔？這些終身以校爲家的人，這些對一代代青年學子們，有過卓越貢獻及切實幫助的人，他們這種敬業、樂業的精神，豈非典型足範，「古道」照人顏色？

用現代人的眼光來看，三十年前人們的工作是很辛苦的。當年門房及宿舍之間，如果裝上電話機，老方就不必那樣勤苦地上下跋涉了。老姚如果擁有一輛小型吉普車，就可輕易地攀山越嶺，而不必遑遑然負戴於道路矣。

不過，今夜，當案頭電話鈴聲，突然震響，打斷了美的遐思；或是窗外車走雷聲，擾人舊夢之際，而我，對於珞珈山女生宿舍，那種寧靜、素樸與溫暖的人情味，就亮起了更深深地回憶和懷念。

「雕欄玉砌應猶在，只是朱顏改！」昔我同門友，是否亦同深此感？

一九七五年七月

憶東湖

「宜雨宜晴宜畫詩，煙波浩渺柳垂絲。
打槳一篙人去遠，盟鷗舊燕可相思？」（「珞珈雜憶」之一）

珞珈山之美，美在東湖，由於那淡蕩的烟波，迷濛的水氣，襯托得蒼莽的山巒，在宇宙間空靈而搖漾。由靜止的美，幻化而爲閃動的美，這豈非湖水之功？

如果將杭州的西湖，比作「淡妝濃抹總相宜」的西施，那麼，武昌的東湖，應似那「未若柳絮因風起」的謝道蘊。一個誠不愧爲絕代佳人，另一位則別具林下風致。像這種說法，也許男生們要提出抗議，認爲儘拿女生來打比，豈不有失偏頗？可別忘了，那屹立在湖畔的蒼翠羣山，不正是聞鷄待舞，莘莘志士們的象徵嗎？

湖上之樂，樂在泛舟。當你與三五良朋，言笑宴宴，載沉載浮。有的剖着雪藕冰梨，有的嚼着花生瓜子，有的吹奏口琴，有的高唱「大江東去」，……水雲鄉裏，撈月、摘星、織夢，一任輕舟悠然自遠，其樂雖南面王不易也。

春暖，柳陰好讀書；暑熱，波中堪戲水；秋涼，湖心應賞月；冬寒，持竿可釣雪。晴天，看雲霞舒卷；陣雨，待湖上風來。顧環堤烟樹，宜畫；聽拍岸驚濤，宜詩。……在那種黛綠年華裏，誰能不爲東湖而欲醉？欲癡？

別後，想必湖水依然，然而年華不再了。在墨爾鉢市近郊，有一人工小湖，名叫「阿泊」(Albert)，方圓不及五里，然而總算也可以泛舟，也可以垂釣。試着尋舊夢，試着把它想像成東湖。莊子：「覆杯水於坳堂之上，則芥爲之舟。」杯水既可視芥爲舟，那麼，斯湖雖小，而此心亦可以爲之舟。將它就臆想爲故國的東湖吧，那又有何不宜？

「誰謂河廣？一葦航之；誰謂宋遠？跂予望之。
誰謂河廣？曾不容刀；誰謂宋遠？曾不崇朝。」

(詩衞風河廣)

駕一葉之扁舟，寄浮生於江湖。無論你身處何時？何地？那記憶中的東湖，將永遠與茲心同在。

一九七五年七月稿于墨爾鉢

憶聽松廬

「天風長嘯捲蒼濤，坐擁潮音餘韻遙。
夜靜星稀羣籟息，數聲松子落山凹，」——（「珞珈雜憶」之一）

你曾經到過珞珈山的「聽松廬」嗎？如果說「不曾」，我替你惋惜；如果說「去過」，我為你欣喜。在那半山腰裏，一幢精緻的小巧建築，橫額大書着「聽松廬」三個大字，那是校方招待貴賓的所在，也是全校最有名的小建築物。學生們雖無資格在此室中小住，但卻有閒情可到松林裏徜徉。這兒是名符其實的聽松的好地方，風入葉動，濤聲澎湃。你在此撫孤松而盤桓也好，扣蟠根而獨嘯也好，無人干涉，無人詫異。把虬枝勁態的，想像為秦始皇所封的「五大夫松」也可以；把蓊鬱一片的，當着水滸傳中所描寫的「黑松林」也無妨，無人辯駁，無人訕笑。整日價徙倚徘徊，相看兩不厭的，應只有蒼松與我，我與蒼松。

除了碧濤松韻之外，還有各種奇妙的天籟，在此謳吟合奏：春天裏百鳥爭鳴，或關關，或嚶嚶，或催「佈穀佈穀」，或道「不如歸去」，各展歌喉，各求其友。

夏季裏蟬鳴高枝：「知了知了」，滿山都是禪意，它似已眞知道些甚麼了。「煩君最相警，我亦舉家清。」你是否也已經知了？

秋夜裏蟋蟀清吟，凄凄切切，斷斷續續，似在訴說着心中無限的不平。

冬日裏白雪覆蓋了山林，傾聽冰枝斷裂聲，傾聽松果墜落聲，靜極了。偶然傳來空谷跫音，反使人瞿然而驚。

有時，大自然界還要耍上一點魔術——電、雨、雹、雷，將整座峯巒鬧得天翻地覆，草木喧呼，誰說山林是寂寞的？

「何必絲與竹？山水有清音。」

在此默坐，心與濤聲俱遠。雲月遊移松際，流螢明滅枝間，清香微度，寒意沁山。萬物與我皆融化於夜色之中，世界似漸退隱而去。這時節，意醉神凝，你又何須動問：斯夕何夕？人間何世？

一九七五年十月

憶黃鶴樓

黃鶴樓，是集神仙、詩人和英雄故事於一身的江山勝地。它位於武昌城的黃鵠磯頭，在蛇山之北端，峭峙江流，與漢陽的龜山遙遙相對，登臨縱目，江漢波濤，盡收眼底；武漢三鎮，風光如繪，使人有胸襟浩蕩、氣象開濶之感。

首先，說到它的神仙部份：

寰宇記：「昔費文禕登仙，每乘黃鶴於此樓憩駕，故名。」

南齊書州郡志：「山人子安乘黃鶴過此，故名。」

兩說稍異，然無論是哪一位仙人過境，當地父老則認爲總是因有黃鶴翩然蒞止而得名。

加上那「三過岳陽人不識，朗吟飛過洞庭湖」的八洞神仙之一的呂洞賓，據說也曾飛到此地來憩駕，因而亦祀有腰跨葫蘆、背負長劍的呂純陽祖師爺的像。顯然「道教」在此地是頗爲流行的。

其次，說到有關它的詩人部份：

眞正使黃鶴樓名耀古今的，乃是由於「崔顥題詩在上頭。」

崔顥題黃鶴樓詩云：

「昔人已乘黃鶴去，此地空餘黃鶴樓，黃鶴一去不復返，白雲千載空悠悠。晴川歷歷漢陽樹，芳草萋萋鸚鵡洲，日暮鄉關何處是？煙波江上使人愁。」

李太白見了，爲之斂手，認爲「眼前有景道不得。」只得仿其體裁，依其聲韻，寫了一首「金陵登鳳凰臺」詩，將「黃鶴樓」換成「鳳凰臺」，將「鸚鵡洲」改爲「白鷺洲」，雖極其宏麗，應可一較勝負。但後世嚴滄浪詩話，仍然評爲「唐人七律詩，當以此（崔詩）爲第一。」

有了這一首極負盛名的唐詩，黃鶴樓得以名垂不朽矣。

從老照片上看，早期的黃鶴樓，是「檻曲縈紅，簷牙飛翠」，具有中國宮殿式建築的美。姜夔「翠樓吟」詞：「此地宜有詞仙，擁素雲黃鶴，與君遊戲。玉梯凝望久，嘆芳草萋萋千里。」可以想像其風華。可惜在民國初年，原樓已付之一炬了。當我幼年看到它時，已是改建的一幢非中非西鐘樓式的建築物，有點湊合點綴味道。古蹟既經化裝，見者頗不易發思古之幽情，亦不足與現代化之崇仰，構想拙劣之至。且喜樓門外有一付對聯，大書着：

「紫氣西來，雲霧掃開天地憾。

大江東去，波濤洗盡古今愁。」

頗能將當地雄濶氣勢，表達出來，

再次，說到有關它的英雄事蹟部份：

三國時代，遙想公瑾當年，小喬初嫁了。他和諸葛亮羽扇綸巾，指揮若定，談笑卻敵，當然是出盡了風頭。東風幸與周郎便，曹孟德雖然銅雀春深，竟不能鎖住二喬。反而被周郎妙計，燒了個馬仰船翻。迄今黃鵠磯頭，尙有一座石製的「孔明燈」，據說是諸葛亮當年的遺物。

黃鶴樓後面新闢的「首義公園」，是紀念辛亥革命之舉，園中尙有一座規模崇宏的「大漢陳友諒之墓」，和開國元勳黃克強將軍的銅像。這兩位民族英雄，鷹揚異代而並垂不朽，誠然是不平凡的。

在我的記憶之中，樓畔尙有一座一人多高、一筆寫成的草書「鵞」字大石碑，據說爲晉代王羲之的眞跡，眞是筆力千鈞，雄肆無比。「鵞」字右肩上一點，父老相傳，乃是用足力踢上去的，信不信由你。

黃鶴樓雖然鶴已去，樓已焚，但在它的盛名之下，仍然吸引了不少遊人。在當年是武漢三鎭間輪渡的起點，且蛇山下鑿數條隧道，各方登臨頗易，是以黃鵠磯頭，遊人如織，也佈滿了三教九流的人物。其中最著名的是三館——茶館、照相館和命相館，這三館，在我個人的生命歷程上，都曾經有過一度因緣。

先說茶館：改建後黃鶴樓的外形，雖然寒酸得令人失望。但是高據在頂樓上的那所茶館，卻仍能攬延了雄勝之勢，引得許多詩人墨客，憑今弔古。說來慚愧，我第一次登上此茶館，並非效騷人之探奇尋勝。乃是有如當地俗語所說的：「黃鶴樓上看翻船。」（有事不干己，漠不關心之意。），而我那次所看到的，事恰干己。

當時我正在童稚之年，混沌未開。有一天，雙親忽說要帶我們一羣小孩子到黃鶴樓去玩，這眞是興奮之事，因爲在家中我已讀過崔顥題詩，久仰黃鶴樓的大名，只因年齡幼稚，尚無緣識荆。這次全家出動，浩浩蕩蕩，直奔黃鶴樓而來。雖然眼中所見到的黃鶴樓，與心中所想像的黃鶴樓，大有距離，但是站在最高一層樓上，東望漢口，北望漢陽，披襟當風，也很新鮮，加上茶桌上擺滿了瓜子花生，和適合孩子們胃口的各種小吃，母親又在旁解說：今天出遊，一則是帶幾個幼小的第一次來玩黃鶴樓，再則是我家的三座大木排，自湖南上遊順流而下，今天經過武漢，直放上海，特地讓大家來開開眼界。兄姊們興高采烈，談笑不停，我這個擺龍尾的，也擠在一旁湊熱鬧。

十二姐的眼力最好，忽然高呼說：「看呀！那不是我們的木排嗎？轉彎過來了。」

十一姐說：「怎麼左擺右搖地不穩定呢？」

十一哥高喊：「不好、不好，排頭撞上左邊的兵艦了。」

十三哥說：「右邊的那支兵艦，也被排尾甩中了。」

他們七嘴八舌，神色緊張，而我竭力睜大眼睛，也看不清是怎麼一回事，一瞬間木排已淌到黃鶴樓下，我這才看到許多全付武裝的兵士，駕着小艇，紛紛跳上排來抓人。父親驀地變了臉色，站起身來說：「我要趕下去看看，妳馬上帶着孩子們回家。」母親點點頭，一言不發，我們那歡笑的世界，一霎那間整個變了顏色。

兄姊們都垂頭喪氣地緊跟着母親身後離去，而我看到大人們一個個神色凝重，也不知有何等的大禍臨頭。晚飯時大家都無心去吃，直到父親深夜歸來，才知道今年的木排紮得太大，適値天旱水淺，兵艦夾峙江面，三排相連，尾大不掉，轉彎時頭尾各撞毀了一支兵艦，幸未傷人，但艦身傾斜度頗大，據說那是吳大帥（佩孚）發跡的兩支兵船。玆事體大，當時已將排上的「總管事」抓去，並將駕舟迎排的二位堂兄也捉走，本來「秀才遇到兵，有理也說不清。」現在是無理的秀才，更是說不清了。

此案擾攘了三幾個月，除將兵艦修復外，並被罰款甚多。那時舊式商業，無保險制度，水上營生，遇到風險，一切自認倒霉，幾乎傾家蕩產，才算把此案了結。

可是禍不單行，就在這年秋天，國民革命軍，北伐到了武漢，先攻下漢口、漢陽，然後包圍武昌城，而我們全家，因正爲此案吃上官司，鬧得焦頭爛額，無暇顧及他遷。武昌城被圍四十日，我們就陷在城裏，飽嚐饑餓、戰爭、搶刼和恐怖的滋味，總算命大，不曾餓死。吳大帥自此役慘敗，一蹶不振。頗如當地父老所說：因我家把他賴以發跡的兵艦撞毀，壞了風水哪！

這次撞艦案件，經過當地報紙大加渲染，曾經轟動一時，幾年前我在紐約市晤見余光遠學長，他還曾向我詢及此事，可惜我對當時的詳情，領會不深，今只能就印象所及，略敍如上。

此後若干年，黃鶴樓頂上的茶館，成了我家的傷心之地，再也不曾踏進去品嚐過一杯清茶，黃鶴樓負我，我亦負黃鶴樓，這縈人夢寐多年的古樓，雖然外形寒澀，卻是我童年首次隨父母登臨之地。王荆公詩：「三十年前此地，父兄持我東西。今日重來白首，欲尋陳跡都迷。」王荆公尙能舊地重遊，冀覓陳跡。而我是否能舊地重遊？即使眞能白首重臨，恐陳跡早已杳如黃鶴了。

除了茶館之外，照相館也隨處林立。其中有一家規模最大的，爲三兄弟所開設。老闆們的長相，有點與衆不同，走出來個個脖子歪在一邊，所以當地人多稱它爲「歪脖子照相館」，其原名反被淡忘，記得有一天我和十一姐一時興起，各穿一襲男式新裝，不願走在大街上顯眼——那時武昌風氣較保守，尙未見有少女着男服者。攀蛇山小徑，穿林打葉，直奔此館，照了一張合影，我和十一姐濶別已二十餘年，照片雖已泛黃，但仍愼重珍藏，成爲我和她少年姊妹時期有趣生活的最佳紀念品。

黃鶴樓附近命相館之多，以我所遊歷之地算來，應以此處爲第一，如張鐵口、李半仙、先知靈、後知靈……之類，招牌林立，令人目不暇給。有一次，我和兩位同窗好友，取道黃鶴樓赴輪渡碼頭，忽被一位擺路攤的相士硬拉住，要奉送看一次相。我告訴他我是一位中學生，只帶書包未帶命相錢。他大聲說：「免費，免費。」登時吸引了一大堆遊人圍觀。我的兩位窗友也勸我坐下來，且聽他說說何妨。那知他一開口，便滔滔不絕地說了一堆江湖術語。當時我似懂非懂，只記得曾問了他一句：「你說我的『奴僕星』好，好在何處？」

「好在地角，您的地角極好，將來奴僕成羣，而且忠心侍主，不愁沒有人服侍。」

大概因越洋跨海，遠離故國之故，連「鐵算盤」也變成了水豆腐。十多年來，我從未僱用任何「奴僕」，只憑雙手，自炊自食，且須照料一家人的衣食起居，變成一個自己家庭的奴僕。如果有機會再遇見這位江湖相士，應當砸爛他的招牌才是。

不堪回首話當年！且寫打油詩一首作結：

「玉笛曾吹黃鶴樓，蛇龜舞影落花浮。
滄海橫流親舍遠，見人怕說長江頭。」

一九七六年元月於紐約

入川識小——談諸葛亮之妻

「昔陸放翁旅蜀，曾作『入蜀記』，杜子美徙川，也曾放歌高詠，寫下許多垂世不朽的詩篇。抗戰軍興，我時身爲『流亡學生』，隨母校西遷嘉定。數年之間，足跡幾遍歷川東、西、北。雖然走馬看花，然也頗增見益聞。豈敢不效法前修，濡筆爲記？『不賢者識其小者』，且錄下幾段心影，不辭『識小』之譏，或可敝帚自珍，自得其樂歟？是爲序。」

世人多知有諸葛亮，而不知諸葛亮之妻。這位諸葛夫人，實際上是位幕後智多星，青年女才俊。試想：諸葛先生，以一介布衣，任兩朝丞相，曾經五月渡瀘，深入不毛。六出祁山，七擒孟獲。終於名成八陣圖，化天下爲三分。其工作之勤勞可想。據說他併日而食，席不暇暖。最後積勞盡瘁，病死軍中。設非深得其賢內助之諒解及合作，又焉能一心爲國，無後顧之憂若此？

西諺說：「一個成功男人的背後，通常站着一個女人。」這位諸葛夫人，就是站在他背後支持他的最大支柱。女人，尤其是古代中國的女人，通常是無名女英豪。相夫教子，功成不居。譬如樂羊子之妻，曾經斷織勵夫；爲孟子三遷其居的賢母，僅知姓仉；還有畫荻敎子的歐母；刺字「盡忠報國」的岳母；……誰都知道她們的懿則偉範，但誰又知道她們本身的芳名呢？

諸葛夫人也是如此，在史册上只知他姓黃，是沔陽名士黃公承彥的愛女，才高而貌陋。黃老丈因器重孔明之才，願以女妻之，鄕里咸以爲笑。

按襄陽記：「黃承彥者，高爽開朗，爲沔陽名士。謂亮曰：『聞君擇婦，身有醜女，黃頭黑色，而才堪相配。』孔明許，卽載送之。時人以爲笑，鄕里爲之諺曰：『莫作孔明擇婦，止得阿承醜女。』」（亦見襄陽耆舊傳）

這位黃家少女，雖然外貌上不如孔明——按陳壽三國志載：「亮少有逸羣之才，英霸之氣，身長八尺，容貌甚偉，時人異焉。」但她的才能，卻並世寡儔。以當時偉丈夫、美男子如孔明者，甘願擇她爲妻，可見她必有可取之特長，而孔明的見解，自是超越一般流俗的。

這位黃氏夫人的才能究竟如何呢？按范成大桂海虞衡志記：「沔南人相傳：諸葛公居隆中時，有客至，屬妻黃氏具麵。頃之，麵具，侯怪其速，後潛窺之，見數木人斫麥，運磨如飛。遂拜其妻，求傳是術。後變其制爲木牛流馬。」

孔明尙且拜其妻爲師，因而得傳木牛流馬之術，其妻之奇才可想。不過這只是「沔南人相傳」，確否難知。所可推想而取信者，我們應從他的家庭情況來窺測：

亮先未有子，其兄諸葛瑾仕吳，有子名子喬，字伯松。亮求喬爲嗣，拜駙馬都尉，後嗣爵。（見蜀志）

亮稍後自生子名子瞻。蜀志中載有「與兄瑾言子瞻書」：「瞻今已八歲，聰慧可愛。嫌其早成，恐不爲重器耳。」

亮深明「大器晚成」之理，可惜子瞻終不克享大年。於魏鄧艾伐蜀時，戰死綿陽，年僅三十七歲。蜀志上寫他：「年十七，尙公主，拜騎都尉，工書畫，彊識字。」又歷代名畫記：「諸葛武侯父子皆長於畫。」

諸葛氏捨親子而以嗣子喬承襲其爵位，從此中依違，可以窺出黃氏夫人的賢德。

亮之親子瞻工書善畫，頗有父風，最後力戰而死，爲國捐軀。其長子尙亦同時俱沒。晉泰始起居注詔曰：「諸葛亮在蜀，盡其心力。其子瞻臨難而死義，天下之善一也。其孫京，隨才署吏。」（後京在晉仕至江州刺史。）

諸葛亮常年在軍中，奔走不遑，公爾忘私。如果說敎子有義方的話，應泰半歸功於「母敎」。

太平御覽中載有諸葛亮誡子書，其中「非淡泊無以明志，非寧靜無以致遠。」二語，成爲千古名訓。也可見出他們父子間未能經常相聚，故遠道作書相誡。其妻黃氏在家，母兼父職，自是責任綦重。

亮曾自表後主：「成都有桑八百株，薄田十五頃，子弟衣食，自有餘饒。……」（見陳壽三國志）

他的第三子懷，晉太始五年，公車促至，欲爵之。懷辭曰：「臣守成都，有桑八百株，薄田十五頃，衣食自有餘饒。材同樗櫟，無補於國，請得歸老牖下，實隆賜也。」晉主悅而從之。（見諸葛氏譜）

懷自謙爲樗櫟之材，無補於國。實乃諸葛氏守成令子，熱愛鄉邦，婉言謙辭，使得敵主亦因而悅從。他這種明哲高蹈之風，也可能歸功於「母教」。

至於八百株桑，一千五百畝田，偌大產業，諸葛亮既無暇兼顧，平素經之營之，督導耕織，豈非皆夫人黃氏總其成，始能讓她的良人，得以夙夜在公？

相傳諸葛亮有女名果，曾乘雲仙去。魏了翁朝眞觀記：「出少城西北，爲朝眞觀。觀中左列有聖母仙師乘煙葛女之祠。故老相傳，武侯有女，於宅中乘雲輕擧。」

仙鑑：「忠武侯女名果，以其奉事禳斗之法，後必證仙果，故名曰果也。」這些雖是神仙方士附會之言，不足徵信。然亦可見當時人民因推愛武侯伉儷，乃祀及其女。

諸葛亮有妾。他與李嚴書：「吾受賜八十萬斛，今蓄財無餘，妾無副服。」在古代多妻制的社會，位至丞相而納妾，自是很尋常的事。但也可窺見他的家庭環境，並不簡單，而且「蓄財無餘」。黃氏夫人獨處後方，必須大度優容，必須勤儉持家，必須捐資報國，其賢勞可想。

迄今四川軍民，不但崇仰諸葛武侯，也很敬佩黃氏夫人。記得抗戰初期，我時爲「流亡學生」。曾取道三峽，隨部份師友，乘一專輪，由長江入川。經過奉節縣時（白帝城），在著名「八陣圖」前，捨舟登灘，憑弔遺踪。

杜甫詩：「江流石不轉。」

水經注：「江水又東，經南鄉峽永安宮，逕諸葛亮圖壘南，石蹟平曠，望兼川陸。有亮所造八陣圖。東跨故壘，皆纍細石爲之。自壘南去，聚石八行，行間相去二丈。因曰：『八陣既成，自今行師，庶不覆敗。』皆圖兵勢行藏之權，自後深識者所不能了。今夏水漂蕩，歲月消損，高處可二三尺，下處磨滅殆盡。」

荆州圖副則謂：「……或爲人散亂及爲夏水所沒（指八陣圖），冬水退，復依然如故。」

以我當時實地觀察，水經注記載，似較眞切。但見細石星羅棋佈，縱橫相當。在沙灘低下處，則頗多散失消損。正在徘徊瞻顧間，忽然來了兩位頭纒白布的老鄉農，對我們這批異鄉人說：「你們知道諸葛亮的丈人黃承彥老先生嗎？這「八陣圖」是經過他的指點的。他的女兒更是一位了不起的才女，當時有些農業器械和運輸工具，是由她協助而發明的。到現在我們有許多日用品，都還是受她之賜。」

對我們這些年輕識淺的學生們來說，這眞是聞所未聞。同時也不禁想起三國故事中，劉備第二次訪孔明仍未遇，卻遇見老岳丈黃承彥騎驢過橋，口中高吟着：「騎驢過小橋，獨嘆梅花瘦。」的雅人深致。想着想着，就好像黃老先生攜着他那黃頭黑色的小女，仙風道骨，衣袂飄飄地踏着細石沙灘，迎面而來了似的。

事隔多年，這幻象對我彷彿如昨。從此，我時常都在留意蒐集有關諸葛亮之妻的資料，可惜，始終不曾查出她的芳名，只能視她爲歷史上一位無名的幕後女英傑。這段老鄉農們的簡單敍述，和我初履巴蜀的新奇觀感，可說是促我草成此文的動機。

在三國時代，當時人均認爲周公瑾之才，可比並諸葛亮。所謂「一時瑜亮」，所謂「瑜亮並生」。可是在家庭生活方面，兩人卻是大異其趣的。周郎選妻，是一位絕色佳人——小喬；孔明擇婦，卻是一位無雙才女——黃氏夫人。小喬美則美矣，但紅顏多難，曾引起曹孟德的野心覬覦。赤壁之戰，周瑜若非孔明出奇謀相助，以少勝多，得以大破曹兵。則幾乎不免於國破家亡，不免於「銅雀春深鎖二喬」了呢！

史蹟斑斑，心焉嚮往。小詩一首，歌以詠之：

「美色多招禍，奇才並代稀。
同心同惠世，綽約臥龍妻。」

一九七七年十月於臺北市。

閒話大佛寺

讀道平學長「憶烏尤」一文，情景交融，風光如繪，故國河山，頻縈腦際。一時往事如潮，猛憶及當年大佛寺之遊，明知椎魯不文，難免續貂之譏。然人情所不能已者，雖我佛搖頭，山靈抗議，亦無奈之何也，是爲序。

大佛寺，以大石佛而著名，是我國中古大石刻之一，相傳爲唐開元初海通禪師，因鎭壓水患，開山鑿成。

石佛在四川樂山縣城隔江的斜對面，頂與山齊，高約三百六十多尺，眼睛有兩丈寬，耳孔中據說可以擺一桌酒。滿頭鬈髮，每一輪髮卷上，可以站或坐一人。科頭跣足，坐臨江流。此處爲三江交滙之口，三江者：「大渡河」起自西康，至此與「青衣江」會合，而流入「岷江」。江河奔滙，聲勢洶湧，冲激於佛足之下，形成漩渦巨湍。據說成渝水道上三十六大灘，以此爲最險，舟人經此，莫不小心震懼。佛像則寧靜而莊嚴，似視灘勢爲蒲團，而灘聲如梵唄。

在佛旁斷崖上，橫書有四個大字：「凌雲義渡」，大逾方丈，氣勢磅礴，應亦是唐人手筆。此山本名「凌雲山」，「大佛寺」亦名「凌雲寺」。早在我未入川前，就聽說過兩句成語：「天下山水在蜀，蜀之山水在嘉州。」（樂山亦名嘉定）後隨校西遷，目覩河山勝跡，覺得嘉州山環水抱，確有鍾靈毓秀之美。然如硬說它是天下第一，那也未免太言過其實了。「凌雲山」亦名「九頂」，因它有九折叠，又號「小九疑」。方輿勝覽上說：「九頂山在城左，有九峯，曰：鳳集、棲鸞、靈寶、就日、丹霞、祝融、擁翠、望雲、兌說。唐會昌以前，峯各有寺。今僅存凌雲一寺，又名大佛寺。開元中僧海通於瀆江、濛水、沫水三江之會，面濤怒浪之濱，鑿山爲彌勒大像，高逾三百六十尺，建七層閣以覆之。至韋皐時，積十九年而工程備，皐有大像記。」

由此可知，此大佛經十九年累代的慘澹經營，始告竣工。初時似還建有七層閣，時逾千年，此閣已蕩然無存了。

據說自大佛完工之後，因開山鑿角，水勢減緩，覆舟滅頂之事，亦因而頓減。船家感謝佛恩，頂禮膜拜，香火不絕，是以凌雲寺規模日展。其「藏經樓」似爲新造，尤其壯麗，寶殿輝煌，佛像林立，在全寺中爲首屈一指的建築。

凌雲寺附近，尚有數處名勝：一爲東晉郭璞注爾雅處的「爾雅臺」，一爲宋蘇東坡與其弟子由讀書處的「蘇子樓」。經過「且住爲佳」的半山亭，便可翻到比鄰山頭的「烏尤寺」。

烏尤寺的名氣，不如大佛寺之著。但山深竹密，曲徑通幽。修禪養性，似以此處爲佳；祈福禱子，則推大佛擅揚。若以人爲喻：烏尤寺頗似那幽居空谷的絕代佳人，一任她「天寒翠袖薄，日暮倚修竹。」知音者何其太少？大佛寺則似那金馬玉堂中的風雲人物，「炙手可熱勢絕倫，愼莫近前丞相瞋。」威儀又嫌其過盛。

當年我與窗友數人：阿丁、阿張、小邱、小葉，有時加上老王，經常乘小舟，斷急流，到凌雲山去尋幽探勝。蘇東坡詩：「生不願封萬戶侯，亦不願識韓荊州，但願身爲漢嘉守，載酒時作凌雲遊。」那時我們「流亡學生」的最大享受，便是在週末假日，攜竹杖，着布履，結伴時作凌雲遊。這種登臨之趣，以視現代大學生們多采多姿的各種娛樂，自是瞠乎其後。但到後來，連這種最廉而美的清福，也不可復享了。原因是大佛寺當家的大方丈，忽然出了紕漏，有人發現他密室藏嬌，一狀告到官裏去，被判有傷風化，驅逐出境。這件事轟動一時，佛頭着糞，使得古刹盛名，一落千丈。

那時我們少年好事，曾一度邀伴登山，按照報紙上所描述的細節，去探訪那密室禁地。除了一兩位知客僧尙在無精打采地支應門戶外，其餘的和尙，全不見蹤影。大殿裏煙火冷落，香客寥寥，已無復昔時盛況。

走近「方丈室」，揭開那層厚重密垂的門簾，室內的景象，頓使人眼花繚亂。畫棟雕梁，那是本來的新建築物，且不必去說它。而室內陳設之華麗，實爲民間所罕見。譬如一雙應踏十方的「芒鞋」，卻千絲萬縷地繡着山川雲霞；一個該打坐靜修的「蒲團」，更是盤金錯彩地擎出荷葉蓮花。佛說：「色卽是空，空卽是色。」斯時斯地，此語不知應作何解？其他如壁上掛的裝飾品，案頭供的小擺設，壁櫃裏的錦繡袈裟，經桌上的璀璨法器等，無一非奇珍異物，窮奢極侈。

小邱擧動，素來敏捷。她首先走過去，推動那座打坐用的碧紗厨。厨形頗似神龕，精工雕飾，面積約爲四呎平方，四週籠以紗帳，流蘇垂地，厨內設有織金坐團及銀絲拂塵等物。厨足下裝有四只小滑輪，輕輕一推，就已溜開尺許。後面牆上掛着一幅巨大的山水圖，揭開這張條幅，壁上赫然現出一道彩繪玲瓏的小門。轉開門把手，門內一片黝黑，看不清徑路，好在倚着人多膽壯，摸索着側身走進，原來是一座螺旋形的小樓梯。梯口盡處，豁然開朗，一字兒排開四間小室，各設雕几鏤榻，錦衾綉褥。書架上羅列着名貴經籍，神龕中遍佈着金碧磁佛，大者尺許，小僅盈寸，形貌各異，栩栩如生。見者無不讚嘆，咸認是佛門深處的精心傑作，可惜爲俗僧所玷，未免有傷原作者的藝術品質哪！

最末一室，懸垂小梯，攀緣而上，用手輕輕頂起一塊天花板，就通到大廟裏第二層的「藏經樓」了。大家從一張繡幔低垂的太師椅下鑽了出來，頗有步入「火燒紅蓮寺」那段章回小說中，仿愛麗絲漫遊了一次「奇境」，而獲重覩天日之感，彼此相視而笑。

密室的神秘被揭露之後，大佛寺的清名既墮，而我們也就雅興頓消。此後，再也不曾攀籐牽葛，去涉水登臨了。不久，大夥兒陸續畢業，各奔前程。風流雲散，一別如雨，回首昔遊，仍如昨日。

「彼澤之陂，有蒲與蕑。有美一人，碩大且卷。寤寐無為，中心悁悁。」（詩陳風澤陂）

誦彼國風，思我佳人。「彼美人兮，西方之人兮！」日月易邁，音塵契闊，瞻念故國，徒增勞結。

一九七五年十月

憶陳莊之茶

四川茶館之多，可說是「五步一樓，十步一閣。」街頭巷尾，隨時隨地，可以入座清心。不僅清早起來「皮包水」，是一般市民的生活，據說小請客也好，大談生意經也好，聽清唱說書也好，「擺龍門陣」也好……都可以「一片冰心在玉壺」。入鄉隨俗，抗戰期間，我也曾享受過各式各樣的茶館，然而最難忘的，乃是「陳莊」之茶。

陳莊在樂山縣城隔江對岸的山頭上，在修篁叢竹之中，擺上幾張竹製的小巧桌椅，就成了一片別緻可愛的露天茶館。

當你和三五良朋，乘小舟，渡急流，攀籐援葛，爬上那數百級陡坡，正在滿頭大汗，氣喘如牛之時，忽地迎面綠竹猗猗，流泉淙淙，彷彿自紅塵中步入了另一個清涼世界。

我們抵步後，照例各自拉過來一張竹椅，往上面一躺，有的翹起二郎腿，有的撲着芭蕉扇，眞是快活賽神仙。當茶博士前來問訊時，通常由一人回答：「請泡一杯清茶。」其餘的人則張口說：「玻璃！玻璃！」，「玻璃」也者，四川話白開水之別名也。既坐茶館，至少必須付出一杯茶資。而「玻璃」則依照當地行規，可以白飲而不必付賬。滲入些許茶汁，一樣是杯好茶。

這種行徑，現在回想起來，難怪當時人稱學生爲「丘九」，盡量地敬而遠之哩。我們這批窮措大，由於家鄉淪陷，經濟來源斷絕，阮囊羞澀，遂不得不力求撙節，予豈好飲「玻璃」哉？予乃不得已也！

且喜茶館主人，是當地「大紳糧」，慷慨好客。對這羣但飲「玻璃」，坐熱竹椅，硬賴着不肯走的學生們，始終執禮謙恭，從未下過逐客令。除此以外，尚有二大絕妙處：一爲此地有崇山峻巖，茂林修竹。遠瞻岷峨，近眺江流。昔有竹林七賢，吟嘯風月，今則人人皆在畫圖中，清風朗月不用一錢買，豈非可以步武昔賢，流連忘返？一爲陳莊主人，膝下一位嬌女，生得艷如春花，嫣然一笑，可以「惑陽城，迷下蔡」。有一天驀地驚鴻一瞥，姍姍而過，使得我們目注神移，久久不能自已。難怪「少年見羅敷」，便要「脫帽着帩頭」了。如此佳人，終於歸於法學院某位師長。美人兒既成「師母」之後，不知使得多少當代的少年維特，爲之煩惱神傷哪！

陳莊既然如此價廉而物美，每逢春秋佳日，我們總喜歡結伴前去，泡上幾個小時。除了在竹影巒光中，偷得浮生半日閒外，主要也是因爲戰時學校設備簡陋，宿舍裏太擁擠，圖書館太狹小，唯有在大自然中，無閒雜人打擾，可以靜下心來，多看一點書。是以愈是考試前夕，愈是揹着書包往陳莊跑。不知者頗以爲怪，以爲我們這幾個丫頭，大考大玩，小考小玩，愈考愈玩。殊不知陳莊的露天茶館，正爲我們涵養性情和飽讀詩書的好地方。此起今日「現代化」的許多噪音聒耳的咖啡館，或是伸手不見五指的「純吃茶」來，可謂更上層樓了。

時到如今，我仍能頑健猶昔，伏案疾書，下筆千言而不以爲苦；在厨房中奔走操勞，日行八哩而不以爲累，想來或受當年陳莊之茶之賜。朱子有言：「受施愼勿忘」，當年免費的玻璃，清涼的竹椅，加上朗日惠風，松聲竹韻，曾經大有恩於我，豈敢忘懷？逝者如斯，不捨晝夜，在逐水韶華的回顧中，寫下了這一段君子之交。

一九七六年四月

山水因緣憶峨嵋

我生自山鄉，長於水國，山水與我、可謂因緣不淺。

山鄉是指我的故鄉大冶，以鐵礦聞名於世。從黃石港經石灰窰起旱路，羣山巍峩，黑石環聳，要跋涉一百多里崎嶇險仄的山徑，才能抵達我的祖居地。

水國是指我所成長的武漢，江漢合流，湖汊處處。高中時代，就讀於「湖北省立高級中學」，校園內有前後二湖，爲張之洞所創辦的「兩湖書院」舊址，可垂釣，亦可泛舟。大學時代，珞珈山畔的東湖，更是武漢名勝，春秋佳日，遊人如鯽，山容水態，盡麗極姸。抗戰時期，流亡樂山，山水鍾靈，人文薈萃，而「峨嵋天下秀」，更爲人所共仰。從這些往事陳跡，略可闡明我與山水有緣。別離故鄉，瞬逾三十餘載，對於這些山音水息，雖仍朝思暮想，然魂夢徒勞而已。

近閱最近出版之「學府紀聞」中「國立武漢大學全集」，蒐集歷年師友大著，包羅萬象，鉅細靡遺；惜獨乏峨嵋風貌，未免辜負仙山，有屈靈水。特憑記憶所及，寫峨嵋印象之旅數則於次：

清音閣

「峨嵋憶，初憶是瀑聲。閣跨雙溪拖黛色，橋拋虹影繫牛心，山水奏清音。」

——調寄憶江南之一——

入峨嵋山約四十里，坡漸陡、林漸深、寒意漸濃，重衣不暖。汗凝於背，疑負積冰。

「前面一朵花，留神莫踩它。」

「若是踩了它，你要叫哎呀！」

滑桿夫一路上此呼彼應，前唱後和，信口歌來，皆成奇趣。（按這朵花多指前途有障礙物，如牛溲馬糞，泥坑水窪之類。）

耳畔漸聽到水聲潺湲，瞬間水聲愈來愈響。抬頭望：黑白兩條匹練，空懸崖際，下墜千仞之岡，同時衝激到一塊赤黑色心形巨石上，水花噴濺，珠跳玉裂，然後二流匯合，似帶着亙古的哀愁，流澌嗚咽而去。此即峨嵋勝景之一：「黑白二水洗牛心」是也。

這塊心形巨石，被兩瀑日夜沖激，早已磨洗得晶瑩光潔無比，模樣兒十分可愛。然而最可愛的還是那幢高架在石上的飛閣，形態略如鳥之張其二翼，凌空欲舞。因它有兩道弧形小橋，分跨在二流之上。從山腳下仰望，背襯着湛藍色的蒼穹，恰又似兩道虹霓，自天而降，影落溪流，千古揮之不去。

門外懸有一副木楹，聯曰：「雙橋兩虹影，萬古一牛心。」字體遒勁，筆力千鈞。閣身全部木造，就地取材，本色天然，古樸雅緻。閣內空無一物，四面皆窗，地板露縫，從縫隙中可以下窺閣底，水石搏鬪，蔚成奇觀。尤其濤聲盈耳，轟轟隆隆，將整個小閣震動得忐忑戰慄。若駕扁舟，浮沉巨浪；又似怒雷潛蛟，砰然起於足底。

爬山至此，已是疲累不堪，將全身投擲到地板上，希望在山水清音中，闔上眼，享受片刻清福。誦蘇東坡詩：「溪聲恰似廣長舌，山色猶如清靜身。」在此尋夢，是否亦可以印證菩提是前身呢？

驀地閣外人聲吆喝，原來滑桿夫們要趁亮趕路，惟恐錯過今夜宿處。無奈、勉強站起身來，向小閣說聲「再見！」荷笠拄杖，邊走邊乘杆，繼續攀登。

佛說「一刹那就是永恆。」清音閣與我之間，只打了片刻的照面，然而卻終身難忘，歷久彌新。這一刹那間的山水因緣，對我來說，就是此情不朽。

佛燈

「峨嵋憶，再憶是游燈，萬盞螢飛光閃爍，一身夢囈夜深澄，真幻悟人生。」

—調寄憶江南之二—

在峨嵋山金頂寺一宿，為觀奇景「佛燈」也。夜半小沙彌敲窗疾呼：「快起來！快起來！快穿厚衣，去看佛燈，太遲燈就散了。」那時並未攜帶登山禦寒裝備，唯有各取客舍被褥，作擁裘狀，隨衆赴崖頂「覩光臺」參觀。在高處不勝寒中，但見雲海蒼茫，霧峯層疊，立足處幽深玄邃，窅不可測。忽見一點寒光，起於對山巒際，遊移上下，縹緲無端。轉瞬間由一點而變爲二點、而三點、而十餘點，終至化身爲千百點，似燈、似星、似虛空燐火、亦似夏夜流螢，不可究測、不知底止、不能捉摸，但予人以神秘詭異之感，此卽峨嵋奇景之一，所謂「萬盞明燈朝普賢」也。（按普賢菩薩佛身作騎象狀，被尊爲峨嵋開山祖師。）

同伴中有人欲窮究物理，探測本原；我則認爲何需苦究？高山雲際，自有奇景，非人世所可意想者，有緣目覩，卽此足矣。轉瞬間星隱、燈滅、螢散、燐收，霧靄靄其欲逝，夜依依其將入。眞歟？幻歟？夢歟？影歟？……一切有爲法，皆作如是觀。

佛光

「峨嵋憶，更憶是懸光，七彩輪環清現遠，萬緣寂滅片雲揚，物我兩相忘。」

—調寄憶江南之三—

夜來在「捨身崖」覩光臺上觀賞佛燈，近午日朗風清，又在同一地點佇候「佛光」。羣山環拱，四野寂寥，片雲飛度，日影漸移。忽有一環七彩光圈，徑長數尺，空懸崖下，霞光閃爍，不可方物，稍頃消失，謂之「清現」。據說有時崖上諸人，影落環中，一舉手、一投足，歷歷可覩，如對明鏡，謂之「攝身光」。但奇者各人只看見自己，卻看不到旁立人影，這自是光線角度曲折使然。傳聞有香客信士，認爲佛來接引，皈依極樂。口誦佛號，聳身躍入光圈之中，而致墜入無底深谷。「捨身崖」三字，就是因此命名。後人捐款築柱，將崖三面包圍，並立木牌示警，大意謂下有毒蟒吐氣，吞吸遊人，衆生愼勿自誤云云。

站在高山絕頂之上，萬緣俱寂，唯覺晴光離合，銀雲蕩漾，宇宙如一碧琉璃盒，身處盒中，玲瓏透澈，幻渺無端，仙乎！仙乎！凌風微步，似已羽化而去。

（按「金頂」爲峨嵋山最高峯，海拔約三千三百公尺。）

雷洞坪

「峨嵋憶，最憶是雷坪。喚雨叱風窺帝意，呼霆探岫撼山精，萬谷動回聲。」

—調寄憶江南之四—

雷洞坪，據說該地空氣最爲稀薄，如果大聲呼叱，容易激發迅雷驟雨。滑桿夫事先警告：必須銜枚疾走，以免觸怒山靈。山高路本險，如再加上風雨泥滑，誠非遊客之福。是以大夥兒都效金人之三緘其口。同行者中有一位十餘歲的好奇少年，高呼了一聲自己的名字，立刻遭到桿夫們怒目相向。且喜那一聲呼喊，激起了萬壑回聲，聲聲相和，山鳴谷應，風起雲湧，諸峯不再寂寞，眞是野趣橫生。

多年後，我看到一部美國西部武打電影，層崖峭壁中一位孤獨且落難的牛仔英雄，惶惶然高呼他情人的名字：「黛安娜！黛安娜！你在哪兒？」回聲陣陣應和，歷久不絕，意境及效果均特佳。

在「靜靜的頓河」一書中，近結束處那位倚門慈母，白髮飄蕭，手搭眉梢，臨風高呼她愛兒的名字：「葛利高里！葛利高里！你爲何還不歸來？」露冷風寒，在無垠曠野中，也只有回聲愴然相應。

眞遺憾，當年過雷洞坪時，我竟不曾放膽高呼一聲，在深山空谷之中，讓波濤起伏的回聲，漸傳、漸遠、漸小、以至於無窮。

一九八一年十一月

山洪暴發

「救水！救水!!」鑼聲急響，自遠而近。

端坐在祁連山麓「老君廟」辦公室內的我，一手正劈裏拍啦地撥弄着新學會的算盤珠，一手則振筆疾書着人文數字，猛聽得這樣奇異的呼聲，敢情是耳朵聽錯了？一向只知有「救火」而不知有「救水」的人們，大家不約而同地一躍而起，奔到窗前去探看個究竟。

窗外天空一片烏暗，黑雲洶湧，大滴雨點方自雲際墜落。在老君廟油礦區裏居住快一年多了，這還是第一次遇到「連陰雨」。平時不是冰雪皚皚，便是陽光普照，再不然便是狂風怒號，黃沙蔽野。像這樣接連不斷地兩天豪雨，倒眞是新鮮事兒。「就憑這點雨，就可以造成戈壁灘上的水災嗎？」我心裏暗自納罕，只怕是庸人自擾吧？

說時遲，那時快，猛見四下裏竄出許多條大漢來，個個神色緊張，面容沉重，手裏不是拿着棍棒，便是繩索，生像梁山泊好漢出征待發模樣。這些人爲何丢下日常工作，傾巢而出？其中必有蹊蹺。不由得我也捲入人潮，被這陣旋風颳到河岸邊來了。

站在山頂懸崖上往下一看：平時本是幾尺來寬，一步便可跨越、蜿蜒在山腳下一條小小的「石油河」，此時在大雨滂沱之下，似乎顯得河面略加寬了些兒，並無太大的變化。「煉油廠」仍靜靜地矗立在褐黃色的河灘旁，高聳的煙囪，在兩山之間劃出幾道剛性線條特立突出的美。山腳邊還點綴着許多小巧的屋舍和幾座巨大的油槽，在蒼穹之下，寧靜而和平，一切與平時景色，並無異樣。

可是，傾耳靜聽，卻大大地不然了。隱隱聽到上流頭兩山之間，發出一種奇怪的吼聲，似在峽谷中廻蕩着不斷的悶雷，又似一羣原始的巨獸正在作着生死的搏鬪。祁連山，一向蒼蒼黃黃地，連連緜緜地，莊嚴且安詳，像母親的搖籃一般，安穩地照料着這些胼手胝足的芸芸衆生，今天，爲何發出了震怒？

「來了！來了！」有人高喊。

「甚麼東西來了？」大家都掉轉頭向上游望去。

但見一堵渾黑墨綠色的高牆，緩緩地自上流峽谷間轉彎抹角而來。一堵會行走的牆，豈非怪事？但說它「緩緩」而來，實屬錯覺。一瞬眼間，這堵高牆，忽地幻成無數怪異，挾雷霆萬鈞之力，向我們撲面張牙舞爪而來，原來是水頭。

「山洪暴發！山洪暴發！」有人呻吟。

「我的媽呀！」有人哭出嗚啦。

「我的孩子！我的孩子！」有人向山腳下頓足搓手。

有人雙膝發軟，一踥跌坐在溼沙上，無力掙扎站起。

有人口誦佛號，合掌向天。祈禱，這時候除了祈禱，人類還能作甚麼呢？

此時，驚雷、閃電、狂風、暴雨，同時俱發。雨點打在頭上、臉上，就像挨了子彈兒一樣銳痛。在沙漠中，因常年乾旱，無人購置雨具。此際雖然衣髮透溼，可誰也不介意雨水的侵襲。全部的注意力，都傾注在懸崖下河岸的兩側。估計水位雖高，一時間還不致漫溢過足下所立的大約一百多公尺高的山頂。可是，看呀！那沙灘上兩岸間，正在受苦受難的有生之倫：有些工人們正手足並用地拚命攀爬陡崖；有些受驚的駱駝牛羊，曳聲哀鳴，順着水勢翻幾個滾便杳無踪跡；星羅棋佈的小巧屋舍，一刹那間全部消失；巨大的油槽，像被隨手拋置的玩具般，彼此碰撞浮沉。一只像是嬰兒用的朱紅色搖籃，在雪白的浪花間起伏激蕩，媽媽呢？誰是那嬰兒的媽媽？是否正當她曼聲歌吟着催眠曲時，突然被破窗而入的水舌捲走了？

最可惜的，應是那河畔的煉油廠了。抗戰期間，在「一滴汽油一滴血」的口號之下，集後方人力物力所慘澹經營，甫告完工的巨大工程，竟像一只小小的火柴匣樣，被洪水整個地吞噬了。當它所立足的大地，被搖撼、被冲擊、被流失，無根的樓閣，就像辭枝的落葉一樣，在秋風中全身戰抖一下，便墜溷、逐波、流澌而去。

當最後一支煙卤倒向激流，在旋渦中打一個轉，消失於視野之外時，我從震驚中定一下神，這才看到那些手執繩棒的壯漢們，正在忙於救人。有的從半空中拋繩而下，讓那些刼後餘生者緣繩而上。有的施展「壁虎功」，倒懸俯拖，用棒尖拉起些溼淋淋的人。在倉卒中會爬山的人是得救了，在急難中能救人的人是有福了，感謝主！您說得眞好：「你從水中經過，水必不漫過你。」使人心得到平安。

從黃昏時分，直擾攘到翌晨破曉。風漸歇，雨漸停，洪水亦悄然而退。除了兩岸巖壁上遺留下二條白皚皚的平行水痕外，空山峽谷間，廻蕩着一種萬古洪荒式的寂寞。後之來者，誰知道此時此地，曾發生過如此一幕非人力所能抗拒的大自然界的悲劇呢？

當地父老相傳，此次山洪暴發，水量之大，災情之重，實爲八十年來所未有。因爲連日豪雨，將綿延千里祁連山巔的終古積雪，一夕融化，奔騰流溢，驚濤起蛟，是以釀成巨變。「走蛟」之說，自是鄉民無稽之談，但是當你親眼目覩，那一團濃濁混沌中，翻攪騰挪之狀，眞不免懷疑：是否果有怒蟒惡龍，潛藏作祟呢？

經此天災，煉油廠元氣大傷。雖在下游某淺灘處挖起若干鋼鐵器材，尙可修復應用。但已不能再在原址建廠，必須另起爐灶。「四台」，這座高而且平的山巒，便被選擇爲重建工程的基地。

那一羣戈壁上的青年工作者們，是絕不肯認輸的。若干時日後，在金開英廠長領導之下，羣策羣力，堅忍不懈，終於另一座更新更巍峩的煉油廠完成了。終於在無垠的沙漠上，亮起不滅的火炬。終於在中國煉油史上，寫下可珍的第一頁。

洪水之來，其勢如此之洶洶，其破壞力如此之猛烈，難怪昔人比喻世間最大的災禍爲「洪水猛獸」。猛獸早被人類所征服，在動物園中所見到的那些獅虎象豹，已無昔日山君威儀。身在囚檻之中，但能向人搖尾乞憐而已。可是，洪水，迄今誰能完全征服得了它？

傳說數千年前，大禹曾經治水，功在人間，爲後世萬代子孫所欽仰。値此六月一日工程師節，一方面紀念大禹的豐功偉績，一方面爲中國石油公司成立三十歲生日。編者先生，不遺在遠，來函索稿。從灰掩塵封的記憶之箱中，偶然抽出這件三十年前「老君廟」時期的老古董來，作爲奉獻。同時向當年篳路藍縷，以啓山林，曾與冰雪嚴寒，沙漠洪水，艱苦奮鬪過的老油人們，遙致最崇高的敬意。

一九七六年四月於墨爾鉢（轉載自「石油通訊」）

蓴鱸之思

晉書張翰傳：「張翰以吳人入洛，因見秋風起，乃思吳中菰菜、蓴羹、鱸魚膾曰：『人生貴得適意，何能羈宦數千里，以要名爵乎？』遂命駕歸。」

「人生貴得適意」這一語眞是道破了人生眞諦。在目前擾攘紅塵中的芸芸衆生，究竟有幾人眞正貴得適意呢？炎夏旣逝，秋風乍起，我竟然也染上了張翰的蓴鱸之思。思想起：武昌洪山上的菜苔和當地的名產鮮魚。

洪山的紅菜苔，色如赤玉，細嫩清新，其回味之甘美，堪稱世罕其儔。以我半生足跡之廣，口福之佳，迄今尚未品嚐到與它有同其韻致的菜根香。據說當年曾有達官貴人，派人掘取洪山土壤，在異地辛勤播種，而產品終不及原味清純。因此當地一般小市民們，認爲天生異種，與天時、地利、人和均不無關聯呢！

首先要提到鯿魚，小頭縮項，穹脊闊腹，扁身細鱗，其色青白，亦名爲魴。味道腴美，是著名的「武昌魚」中，最著名的一種。凡是食過它的人，無不齒頰留鮮，嘖嘖稱賞。

除此之外，尚有鯽魚和鱖魚，鯽魚一名鮒，頭小口亦小，體呈紡錘形，大者長尺許，色青褐，頭面喑白，價廉而味美，「蘿蔔鯽魚湯」，是一道家常名菜。

鱖魚亦名石桂魚，巨口細鱗，體色淡黃帶褐，有黑斑，棲於江湖。唐張志和詩：「西塞山前白鷺飛，桃花流水鱖魚肥。」可以想像其風味。

鰱魚、是做沙鍋魚頭最好的材料，因爲它的頭特別大，重量幾與身體相等，腦髓多，肥肉肥，全身精華幾盡集中在頭部。一個兩三斤重的魚頭，燉一只沙鍋，再加上粉絲、茼蒿或白菜，經濟實惠，爲冬令佳品。

青魚和鯉魚、是做臘魚的好材料，每年秋收之後，爲魚類大豐收季節，家家戶戶竹竿上多掛滿了這兩種魚。經過醃製曝曬，或油漬、或煙薰、或烘、或蒸、或燉……「不食武昌魚」的人，是不解何謂垂涎欲滴的珍饈美味了。

此外，味鮮而多刺的鰣魚，是當年餐館中一道名貴時菜；甲魚黃鱔則是不登大雅之堂的土產；魚雜燴豆腐是一道家常小吃；珍珠丸子和魚丸子均以手工細緻、材料精美馳名遠近；豆皮豆絲則爲早晚名點。

以武漢湖泊之多，水清且碧；尤其珞珈山下的東湖，澄波萬頃，不僅魚鮮蝦美，菱藕之屬，尤稱名產。藕糯且粉，菱細而嫩，以之生食或煲湯，均爲絕妙珍品。當地人請客，通常不說「請吃飯」，而說「請您家來喝湯」。大概指的是藕煨湯吧！秋風起，魚藕肥，此時此地，如果有此數味在厨，我也打算邀約二三知味友好，請「您家」來喝一碗排骨煨藕湯哪！

一九八二年十一月

談門

「連門都沒有」這是一句俗諺，譏諷人連起碼的條件都不具備。任何房屋，容或沒有窗，但不會沒有門。門不僅司出入、別內外、迎嘉賓、防宵小，也是主人家身份地位的象徵。杜甫詩：「朱門酒肉臭」。朱門自是富貴之家，黃門為天子所居，蓬門乃貧家小戶。有的人門第高華，有的人門祚衰落；有的人門庭若市，有的人門可羅雀。有些婦女慨嘆於「門庭冷落車馬稀！」有些人則說「生男勿喜女勿悲，君今看女作門楣。」孟嘗君有門客三千，孔夫子門徒之數亦如之。「將門出將，相門出相。」向來有門風、門閥之說。「門當戶對」是昔時父母為子女擇偶的要件之一。

門裏門外，一門之隔，常氣氛迥異；鬼門關口，長憾陰陽永隔。富人通過天堂的窄門，據聖經上說：比駱駝穿過針孔還難。「程門立雪」是宋時尊師重道的佳話。「衡門之下」則為古代隱士棲遲遊息之所。……門之為門，其道多端。且容我這門外漢，思想起一件往事來，談談當年的母校之門：

約莫在民國二十年代中葉，武漢大學在珞珈山創建完成，聲望之隆，如日之升。某夏考試新生，榜發後、湖北全省中學畢業生，竟無一人錄取。當地報紙曾刊出巨幅醒目漫畫，畫着幾位垂頭喪氣的青年，挾着書本紙筆，在兩扇巍峩的鐵柵門外、徘徊瞻顧。標題是：「武漢大學之宮牆數仭，唯湖北的學生不得其門而入。」

這幅漫畫圖簡意深，曾轟動一時，也因此而刺激了當時湖北省的教育當局，下決心整頓全省學風，並在武昌兩湖書院舊址，創立了「湖北省立高級中學」，其時師資之佳、教學之嚴，堪稱一時之選。蓋當局者用意在建立此校，以爲投考大學的敲門磚，培育菁莪，雪湔前恥。以後此校學生，果然百分之八十升入好大學。

前後兩任湖北省教育廳長，黃建中、程其保二先生，曾蕭規曹隨地完成此一盛學。而我有幸亦考入該校，成爲它最後一屆女生之一——因爲有人反對高中男女合校，遂將「女生部」分出，遷至武昌東廠口武漢大學舊址，更名爲「湖北省立女子高級中學」。不久又與原在漢口之「湖北省立第二女子中學」合併，簡稱「省二女中」，由夏正聲先生任校長。夏師是鄂省老教育家，視學生輩親如子姪，提携獎挹，敎澤廣披。我班卽在他長校時卒業，受惠良深。

如以投考人數多寡，與錄取新生名額作比例，則過去考入大學，實較今日尤難。因當年約二十多人中錄取一名，目前臺灣則約爲四中取一。可見其時擠入大學窄門，實非易事。

今日旅臺「湖北省高」學生甚多，班荆道故，當能爲此番師門舊話作證也。

一九八一年元月

丙輯：

美國之旅

——「萬里關河驚契闊」

新澤西州和費城之旅

由於陳學信兄嫂的盛意相邀，到他倆的澤州新居，去盤桓數日。李太白詩：

「我似鷓鴣鳥，南遷懶北飛。時尋漢嘉守，取醉月中歸。」

我就是那隻懶鳥，續向南飛，時尋舊友，不醉無歸。

學信兄的新居窗明几淨，收拾得一塵不染，風格十分雅致。外出時有時連大門都不必鎖，足見社區環境治安之良好。

到澤州的首日，承全泰勳學長和嫂夫人董懷慈姊的一再邀約，遂由陳氏伉儷開車，同到全府上去歡度聖誕佳節。車程約二小時，沿途平疇綠野，翠柏蒼松，在平坦大道和婆娑樹影間輕快滑行，感到空氣似格外清新，意興似特別飛揚。與紐約市林立櫛比的摩天大廈相較，又是一番晴和景象。此時、此地、此心，就是「世外桃源」了，又何須汲汲遑遑地向外尋求呢？

全學長早歲得哥倫比亞大學博士學位，主修經濟。現在 Seton Hall University 任教，啓廸後生，誨人不倦，四壁圖書，琳瑯滿室，是一位勤業飽學之士。懷慈嫂相夫教女，治家井然。我們去時，適逢「德州型」流行性感冒，侵襲澤州，有許多小學因此而關門。她那天咳嗽發熱，頭暈不適，然仍勉力招待我們，到附近名厨「玉園」去進餐，回家後又自備許多甜點饗客，盛誼至感，然也使我們於心不安。

* * *

十二月二十七日，陽光普照，天氣開朗。由陳氏伉儷再度開車，到鄰州的費城去遊覽，約半小時抵達。費城是美國的歷史名城，兩百年前，宣告美國獨立的鐘聲，曾在此敲響。猶憶十一年前的仲夏，我闔家偕友人開車來此作竟日遊，並自費城遠赴著名的長木花園 (Longwood Garden) 參觀。那時玫瑰似錦，芙蓉若繡，百草千花，使人目不暇給。此園原爲杜邦公司主人產業，後獻出公營，成爲美東一大勝景。

今日重來，時值嚴冬，滴水成冰，風寒如刀，戶外不能久留，遊客全部進入溫室觀光。名爲「溫室」，實際上是一幢琉璃「大厦」。廻廊曲檻，高低層叠。石柱假山，噴泉處處。應是美國最爲崇宏的花塢暖殿。

在夕陽餘輝中，照耀得水晶宮通體透明，流光閃爍。聖誕紅鮮艷如火，蝴蝶蘭秀挺逸羣。日式庭園裏的矮松盆景，各具巧思。熱帶植物區的異樹奇葩，匝天鋪地。

入夜後更是燈影迷離，霓虹璀璨，幾疑誤入神仙洞府。遊客們也似化爲帶翼的小仙人，在千萬株火樹銀花間，翩飛起舞。

臨出門，幾棵來自東方的合圍老柳，枝葉婆娑，鞠躬相送。許久不見楊柳了，爲塡「臨江仙」詞一闋：

「萬縷千絲空照影，柔枝難綰別離。一肩煙雨恁淒迷，舊遊渾似夢，樽酒憶芳時。苦恨年年飄舞絮，隨風蕩漾東西。凌霄有路莫徘徊，曳裾飛故國，長揖謝依依。」

一九七八年元月

加州漫遊

我曾經三過舊金山，每次都蒙簡沃坤學長和嫂夫人張蓮對姊盛意招待。而這次尤其叨擾，在他倆府上，住了九日。且別提深夜開車到機場迎送的那份麻煩了。

每天他倆都着意地爲我安排節目，不是開車到名勝區遊覽，就是到「漁人碼頭」或「唐人街」去大吃一頓。其間最難忘的一次，是 Hearst Castle 之旅。由簡公子志光開車，車程約二百餘哩，沿着加州海岸線蜿蜒曲折而南行。一向聞名加州海岸，其地形最不規則，風景最爲幽邃，今日個眞是大開眼界。公路依山傍海，高低盤旋。迎面一座尖山，拔空而起，疑似無路可通，可是峯廻路轉，忽又別有洞天。初時尚霞光瀲灩，奇島離離。行到山深濤急處，突然風起雲湧，大雨滂沱。車窗前後，斜掛着一串雨簾霧幕，視野不清。這下可急壞了駕駛人，稍一不愼，不是下墜懸崖深淵，便將撞上峭壁老樹。左折右旋，似乎永無止境。志光不斷喃喃地說：

「像這樣轉彎抹角，究竟何時了結？」

車上無人能予以確切的答復，大家都將一顆心提升到喉頭，大瞪着眼注視着那昏矇矇、水活活、霧茫茫的前路。每個人的心臟急速跳動和車輪的循環摩擦聲相應和。

環顧海天，白浪翻騰，黑雲瀰漫；天低壓着海，海也緊擠着天，中間被風雨密織，結成一張剪不破、滲不透的灰色巨網。而我們孤車奮鬪，就像無助的小小蚊蚋般，在險狀環生的無情蛛網中，掙扎求存。

志光君年僅二十三歲，去夏甫自加州大學機械系卒業，現在波士頓 M.I.T.（麻省理工學院）攻讀碩士學位。性情穩健沉着，學業經常門門拿A，去秋總成績聞爲全班之冠，是我國年輕一代學生中極優秀人才。

沃坤兄不僅家教有方，他本身一向好學不倦。在美早已獲得機械工程和工商管理兩項碩士學位，現日間在 Bechtel Corporation 作工程設計工作，入夜仍埋頭苦讀，練習演講比賽，力求克服自身對語言方面的緊張。參觀他案頭陳列着的「演講優勝獎」，足見有志者事竟成。精勤進業，已成爲他公餘癖好了。「行者常至，爲者常成。」人只要肯踐履篤行，一分耕耘，自會有一分收穫。

在風雨飄搖中搏鬪了五個多小時，終於抵達 “The Enchanted Hill” 山麓。大家下車購票，改搭巴士上山。由導遊小姐率領着一羣觀光客，參觀那佔地二十四萬英畝 Hearst 家族的豪華城堡（Hearst Castle），也就是兩年前曾轟動全球綁架案中女主角 Miss Hearst 的故居。

這一系列建築始於百年之前，迄今尚未依照原來理想全部完成。但見雕樑畫棟，風閣崇簷，凸凹玲瓏，美不勝收。無一所樓臺不是出自巧匠之手；無一項器皿不是出自主人家的精心收集。床上一律鋪着來自中國、雲霞燦爛的織花錦緞；地上鋪的是古色古香、手工細緻的波斯地毯。兩座金碧輝煌的圖書館兼會議室中，除了高文厚册，羅列滿架外，還擺滿了各國的古玩珍物，玉器牙雕等。據說這裏所收藏的古埃及、希臘、羅馬時代的「貯水瓶」，自公元前八世紀至公元前二世紀的均有，爲世界上最豐富的寶藏之一。至於厨房之大，臥室之多，陳設之麗，壁飾之精，……均令人嘆爲觀止。

總之，我老覺得就是由於這個家族，起居生活太過奢侈，門閥氣象定更過於嚴肅，物極必反，才導致年青的一代，發生尖銳的叛逆性和「代溝」現象。以出身如此名門的少女，竟然迷途不知返，甘願助惡爲虐，執槍行刼，變爲社會上的「極端恐怖」份子，究竟是誰之過歟？

蕭伯納曾經表達當年英國青年人的幾句話：「他們有足够的食，他們有性自由，他們有抽水馬桶！天啊，他們爲什麼不快樂？」

現代青年從未經過第二次世界大戰年代的那種戰亂、貧窮和饑餓，但有些人卻找不到正確的目標和方向，因而迷失了大道。將他們冒險犯難的精神，錯用到誤人誤己的歧途上，於是造成了許多偏差、缺失、荒謬或反常的病態行爲。值得所有家長和社會教育學者們的深省：「天啊，他們爲什麼不快樂？」

大約二十年前，Hearst 家族，願將他們那一大片類似法國「凡爾賽宮式」的藝術古堡，全部捐獻，與世人共享，不失爲明智之擧。此刻，當我站在那鑲金嵌玉的七彩磁磚上，和四週環拱着白色大理石裸像的溫水游泳池旁，窗外漫天風雨，似感到陣陣寒意。但也感到一縷溫暖，發自昔日的燈火紅樓和碧淸池水。

雨太急、風太寒，遊踪雖未竟，遊興亦未闌，但天色漸黃昏，不得不賦「歸去來」。回程不敢再走來時故道，因海岸線既陡且滑，荒野間又無路燈，改走四十八號公路，抵三藩市已逾深夜十時，簡府大小姐婉華和他的新婚夫婿朱君澧材，正燉好一只一品菊花大火鍋，冒着熱騰騰的香氣，等待着我們這批老饕歸來。在暖意洋溢和笑語輕盈的氣氛中，好高興我又度過了彷彿愛麗絲漫遊奇境的一天。

一九七八年元月

黃狗與青氣

最近，在戚友家邂逅了一位自號「山人」的業餘相士，研究相法達二十餘年，曾在報上連續刊載「面相學」，聲名頗著。

蒙他細心端詳，認爲我「遷移宮」出現「青氣」，旅行時恐會遇到驚險。果然不錯，這次赴美，去時本擬搭乘菲航班機，不料該機由日本東京起飛，降落松山國際機場時，一具引擎突然着火燃燒，引起一場虛驚。我雖然還不曾登上飛機，但因此而改了一天行期，且往返奔波機場多次，只得自認「晦氣」罷了。

回程在舊金山國際機場，已登機正擬起飛時，不料又被趕了下來。因爲適有匿名電話報告：機上置有「定時炸彈」。三百多位旅客，聞訊後不得不紛紛下機，兒啼女號，婦怨夫愁，大家在機場中徘徊枯坐，達六個多小時之久。等着ＦＢＩ工作人員將行李全部卸下，重新檢查。長夜漫漫，也不知何時得且？

幸賴一隻受過特殊訓練的黃色大警犬，被牽制到機艙及數百件行李之間，逐一聞嗅。據說該犬聞到美味的牛肉乾都不起反應，唯有嗅到炸藥氣息，便會狂吠起來。如此這般，三百多位乘客的身家性命，就只得依賴着這頭「靈狗」巧妙的鼻端了。從黃昏擾攘到深夜，總算未發現可疑之物，大夥兒才再度登機，有驚無險，恰應了那位「山人」之言。雖然他只是事後諸葛亮，但以後在旅行之前，可眞該攬鏡自照，額際是否出現黃氣呢？——按「黃氣」爲平安之兆。

最苦的應是那些隻身攜帶嬰兒，長途跋涉的母親們了。她們一面竭力支持着自身的疲乏，一面還要不停地地拍哄着哭鬧的幼孩。這個謊言報警：「狼來了！」的黑道牧童，眞使得人人痛恨，個個切齒，可是又莫奈他何。近年來國際暴行激增，社會動盪不安，可說是一種世界性的流行病吧？

昔韋莊曾作「春日遊」一詞，膾炙迄今。今我冬遊，豈能無記？因塡打油詞一闋，聊誌斯行斯遇。調寄「思帝鄉」：

「冬日遊，雪花飛滿頭。破浪乘風萬里，任周流。
擾攘誰家炸彈？使人愁。黃犬鬪青氣，鼻咻咻。」

稿於一九七八年初春元月

美國之「行」

這次到美國，想不到「行」的問題竟如此嚴重。由香港換乘DC10型班機，經阿拉斯加、芝加哥、尼加拉瓜瀑布，於五月廿六日清晨五時飛抵紐約市上空。

從芝城到尼鎮一段空程，飛機突然像發了瘧疾的病人一般，不斷地全身抖顫、抽搐。從三萬七千呎的高空中，俯視黑雲滾滾，流渦深漩，連一向不暈機的我，都感到頭腦昏眩，胃口泛酸。心中就像空懸着十五隻吊桶似的，在那兒七上八下，忐忑不安。機長也不停地發出紅色警號燈，諄諄囑咐乘客們要緊繫安全帶，不可離座走動。

好不容易一聲「到了！」遠遠望見甘乃廸國際機場地面上，泛起一片藍色的螢光燈，機輪重重地隆然落地。一切OK，一切險象頓成過去。乘客們都輕噓了一口長氣，環顧四周，看到許多與我同行的機友們，有些人已是花容失色，汗透重衫了。

甫下機，看到晴兒和台姪開車來迎，年餘未見，悲喜交集。抵寓後，三兄嫂見告：就在我飛經芝加哥機場上空的同時，另一架同型飛機於起飛時在芝城機場失事，乘客二百七十餘人全部罹禍，造成美國民航史上最大的空難。

聞耗不禁使人咋舌，回憶那時空中瀰漫着惡意的濃雲，是否就因遭遇到空氣的「亂流」，因而使飛機失去平衡、失去控制呢？

緊接着我的來回機票便發生了問題，因爲美國主管當局下令DC10型飛機全面禁飛。（英、德、法、日等國也學樣跟進）想想看，二百多架航機同時停飛，豈不造成美國航空網的空前大混亂？這樣一來，大部份航空公司都慌了手腳，既無以應付早已訂好日程的來回機票客，更無以招徠暑假期間蠭擁而來的新主顧。眼睜睜望着「泛美」「西北」等幾家專門擁有七四七型飛機的大公司，將川流不息的旅客們，囊括飽載而去。

在空中之「行」方面，我是打了一個並不美好的仗，換票、換機、加錢、排隊、忍氣，延期曠日，最後才算改乘西北航空公司班機，經西雅圖、東京、大阪三地返回。唯一聊以自慰的是：回程走的另一條新路線，可以領略到一絲絲東洋風光，七四七機身也比較平穩，塞翁換機，又焉知非福？

至於說起美國地面上「行」的方面，更可憐遭逢到空前的能源短缺。自從西部加州州長布朗宣佈汽車分單雙日加油開始，不久禍延東部紐約、新澤西等州。不僅也分單雙日加油（依汽車牌照最後一字分日）更限制每次只可加油五加侖或三塊錢。縱然如此嚴格控制，可恨的是仍然無油可加。有一個週末報載紐約市內約有百分之九十五的加油站，高懸「免加牌」"Sorry, No Gas!"有油可加的門前，則無不大擺其長龍。

購油的行列愈長，人們的耐心愈少。居住在都市的人，往往於凌晨四時許起床，五時許開車去排隊，七時加油站才開門。鵠候兩三小時之久，購得五加侖汽油歸來，已是精疲力竭了。有些人因排隊到了自己車前，而油適售罄，不禁大發肝火；有些人因後車揷隊搶油，而大打其出手。在長龍的行列中，發生過兩次命案。迫得市長緊急呼籲：希望市民拿出道德良心來，維持秩序。事實上在這個「行」不得也的世界，希望動員人類的良心，眞是談何容易！談何容易

油荒的嚴重性，在於它影響到美國的每一個人。無論男女老幼、士農工商，都不能例外。在這個幾乎家家有車的汽車王國，如果無油可加，無異於宣佈無腿可行。上班、上學、買菜、購物、求醫、旅行……都大大成了問題。油價由每加侖八十幾分錢漲成一元以上。一向人潮擁擠的郊外，若干度假遊樂地區，忽然變得冷冷淸淸，人們怨氣沖天，把目標集中在白宮，向之冷嘲熱諷。這也是最近卡特總統內閣何以大改組，能源部長何以必須更換，卡特總統的聲譽，何以有如「太空實驗站」，向地球上直線下墜，下墜。

一九七九年七月

克里姆林宮之寶

座落在紐約市第五大道上東八十二街口的「大都會藝術博物館」(Metropolitan Museum of Art) 以「來自克里姆林宮之寶藏」(Treasures from the Kremlin) 和「俄國芭蕾舞之服裝與設計展」(Costumes and Designs of the Ballets Russes) 相號召。六月末的一個週二，我和三兄之鑑同往參觀。對於芭蕾舞服部門，除了感到它匠心各運，古今雜陳，穿着金縷衣的橱窗模特兒，盡態極妍，栩栩如生之外，尙別無「震撼」之處。

走到「寶藏」部門，才深深感到俄宮之寶，其氣魄眞足以懾人。這是「克里姆林博物館」第一次送寶藏出國展覽，是「蘇維埃聯邦博物館」與美國「大都會博物館」文化交流計畫中之一環。展品時代自十二世紀至二十世紀均有，而以十六世紀至十七世紀的文物最多。因爲那時期莫斯科是俄國政治、宗教、文化和藝術的中心，也是「沙皇」的極盛時代。展品內容無奇不有，如寶劍、名刀、御服、食器、雕鞍、甲冑、珠繡、頭飾、繪畫、書籍、石刻、珍玩……等等，其幻妙多姿，有些與古代中國人的想像力頗爲近似；有些異想天開，則東方與西方迥不相侔。

一只直徑數呎，碩大無匹銀盤上的半立體浮雕，酒池肉林中，一個個帶翼的小精靈，探首蒼穹，似有破盤而出之勢。

一幅油畫上的妙齡公主，眉目姣好，笑容可掬，身上穿着緞質長袍，光輝熠耀，轉動照人。我似乎聽到她衣裙悉率擦地之聲，覺得她似乎要從畫框中盈盈走出，向我握手寒喧。

沙皇的個人遺物中，我最喜歡彼德大帝（Peter the Great）一六八二年的那頂皇冠貂帽，不但邊緣上嵌鑽飾玉，頂上更用珠寶圍鑲成一只小皇冠，最尖端聳立着一顆大珍珠，光芒四射，天生形式上尖、中寬、下窄，亦如一粒小皇冠。這種皇冠中之皇冠，確為稀世奇珍。且時經三百載，貂毛仍柔潤光滑，根根作放射狀，保管如新。

「可怕的伊凡」（Ivan the Terrible）一本厚厚的福音書，用雕金嵌寶書夾函藏，手工精美無匹，一只御用的十字架，遍鑲奇珍。在特別的照明設計下，顯得每粒寶石透剔玲瓏，閃閃生輝。

「葛德諾夫・艾瑞娜皇后」（Czarina Irina Godunova）一只高腳聖餐杯，光彩流幻。沙皇密契爾・羅曼諾夫（Czar Michail Romanov）於一六四二年所打造的幾根巨大金鍊，也顯露出當年聚集在莫斯科金匠們的奇才。

此外，歷代俄國帝后的服裝無不遍繡珠玉，將軍們的甲冑更予人以沉重之感。像這樣重逾數斤乃至數十斤的行頭，穿在身上，未必舒適。看來還不如蓬門篳戶的老百姓，自在穿衣，輕鬆逍遙。生長在帝王家，是否就眞能享受到愉快的人生呢？

最可愛的應數那座克里姆林宮的金模型。它完成於一九〇四年，由聖彼德斯堡的 Faberge' and Co. 所製造。基地用白底雲紋大理石，建築材料用金、銀、玻璃、瑪瑙、琺瑯等等，手工有雕刻、油畫、釉采、鑲嵌等等。穹頂圓窗，廻廊曲檻，鐘樓高聳，階梯互達，巨柱環合，四門洞開，隱隱可以窺見堂殿之富，宮室之美。雕工之細，令人嘆爲觀止。大多數觀光客都麕集在這座玻璃橱窗前，一面細細觀察，一面嘖嘖稱羨。

這確是一次成功的藝術與歷史文化交流展，而這座模型 (Stylized Model of the Moscow Kremlin) 列於最後出口處，應是此次展覽會中的 High Light。但給我的另一感受卻是：搜括無數民脂民膏，供封建帝皇家的窮奢極慾，終至身死國滅，爲天下笑。此豈非如杜牧阿房宮賦中結語所說的：「後人哀之而不鑑之，亦使後人而復哀後人也！」戲填「鎖窗寒」詞一闋：

「絶代貂冠，奇珍寶册，笛歌金縷。珠盤擎酒，淺醉盈盈公主。躍雕鞍、飛鞚射月，玉鞭笑指貔貅舞。仗如虹劍氣，遙揮北斗，咤風叱雨。　延佇、凝眸處，感繡幕穹廬，綺宮朱戶。繁華頓歇，悵想亂紅無數。念故園，松菊尚存，幾番杜宇催客去。且尋思，如夢人間，欵乃歸舟路。」

一九七九年七月

費城之鐘

一向心儀美國歷史名城的費城之鐘，可惜每次均來去匆匆，無緣目睹。

這次有幸承蒙學信、淑萍兄嫂倆盛意相邀，不顧能源短缺的煩惱，事先排隊加足汽油，選定七月四日美國第二百零三次國慶日，由新澤西州 Marlton 鎮直駛費城。同行者有吳夫人宣家玲姊，四個人一路上談笑風生，車行既穩且速。

費城原來是一座新舊合璧的大都市，舊的方面，有二百零三年前獨立戰爭時代的遺跡，許多精工細鏤的古代建築物風貌，美得眞令人心折。新的方面，有些氣魄宏偉的摩天大厦，壯得幾令人屏息。加上沿途羅列着很多銅鑄或石雕的藝術人像，有的是躍馬飛槍的戰士英姿；有的是低頭默誦的哲人襟懷；有的步態翩翩，可人如玉；有的霧鬢風鬟，丰神綽約。一座銅鑄的美國開國大總統華盛頓雕像，矗立在獨立廣場（Independence Square）門前，頭戴一頂拿破崙式的船形帽，身着一襲挺拔帥氣的燕尾服，手執一卷獨立宣言，作預備演說狀。衣摺飄揚，神采奕奕。

那些號稱「新潮派」的現代雕刻品，僅用幾根簡單的線條湊合在一起，卻也能予人以無盡的遐思和幻想。或爲方、或爲圓、或爲點、或爲弧、或爲流線型、或爲放射狀……集動態美與靜態美於一體，想到莊子所說的：「吾生也有涯，而知也無涯。」不禁對於這些創造Modern Art 的藝術家們，發出由衷的讚嘆。不論這些抽象派作品所象徵的主題爲何？只要它能向人間散播出美的魅力就好。能够用美的眼光去觀察宇宙萬物的人是有福了，因爲他將永遠生活在美與和諧的世界之中。

關於那口高掛在鐘臺上，任人參觀撫摸，並派有專人滔滔不絕地講解着的破鐘呢？實際上並無若何美感。它沉重且黝黑，鐘紋凸起處已被人手摩擦得光滑發亮。中間一道寬約數分、長約兩呎的裂痕，使它不再能被敲出清脆嘹亮的鐘聲來，但從那無可奈何的裂縫中，似汩汩流溢出一種不可言說的遺憾，而予人以思古之幽情和無窮的「缺陷美」。

想起唐代張繼「楓橋夜泊」的詩：「姑蘇城外寒山寺，夜半鐘聲到客船。」靜夜低徊，恍如聞鐘聲之在耳。寒山寺之鐘如屬詩人之鐘，則費城之鐘應爲志士之鐘。鐘之性質雖不同，然二者均可同其不朽。很是羡慕這兩塊頑鐵，何其有幸！能够在人類千百年歷史上，燦然生輝，泠然振響。

走出鐘樓，穿過獨立廣場，隨導遊小姐在「獨立廳」瀏覽片刻。(Independence Hall，築於一七三二年至一七五六年間。）看到當年法院的陳設，以及國會議員們所用的桌椅、文具、手杖、燈盞等等。那幾枝羽毛筆彷彿潔白如新，幾枝手杖的銅頭仍然閃閃生光，華盛頓先生所坐那張大靠椅依舊端列在中央高臺上，大廳中似尚回旋着這些風雲人物的聲音笑貌，峨冠緩帶似尚在飄拂揖讓……可是二百餘年的歲月，已經倏忽消失了。「哲人日已遠，典型在夙昔。」他們的典型，是否能令今日美國放浪形骸的青年們，振聾開聵、起衰與弊呢？

一九七九年七月

大西洋城之賭

新澤西州的州政府，可謂招徠有術、生財有道。一方面百貨公司中成衣部門一律免稅（紐約市稅率高達百分之八）吸引了無數鄰郡顧客，不遠百里開車而來，大批採購新裝，也繁榮了市面飲食業和其他各種行業。另方面在濱海的大西洋城（Atlantic City）新闢二家賭宮，吸引了無數遊人及遊資，成爲美國東部地區第一個合法的賭城。

第一家「國際度假賭館」在今年六月份內共從賭徒身上賺了二千二百萬美元，創下該賭館自去年六月開幕以來，每月營業的最高紀錄。平均每天收入約爲七十三萬餘元。

第二家賭館「凱撒世界」也急起直追，以更加美侖美奐、富麗堂皇的姿態出現。

七月五日清晨，仍由學信淑萍兄嫂倆開車導遊，讓兩位來自東方的劉姥姥——我與家玲姊，大開洋眼界，去逛一逛美國式的大觀園。

兩家賭館外表建築之新奇別緻，內部裝潢之窮奢極麗，在此且不必去提它。單說「吃角子老虎機器」之多，縱橫排列着的，就不知有若干架。大抵分爲「五分」「二角五分」和「一元」的三種。每架機器前都擺着長長的隊伍，輪番上陣。但見「擧袖成帷，揮汗如雨。」

人如潮湧，萬頭鑽動。握拳凸睛，肩摩踵接的，全是些「相逢何必曾相識」的天涯浪子和異國佳人。他們來此，不僅是各覓鴻運，且於無意間共同展示出一個光怪陸離的世界人種博覽會來。

我們首先擠到櫃台前，每人兌換了十元美鈔的五分鎳幣 (Nickel Coin) 相約以此爲度，或懸崖勒馬，或見好即收。各用兩只紙杯滿盛着二百枚賭本，緊接在人龍之後，苦候了約莫一個多小時，才輪到自己舉杯邀財。眼睜睜望着這些小錢，汩汩地滾入虎口之中，有去而無回。站在背後的人羣，又不時催促、推擠。時間一分一秒過去，臂酸足乏，頭昏腦脹，感到既單調、又無聊，遠不如國賭——麻將牌的多采多姿，變化無窮。

但憾我血管內從無賭徒的血液，一向對花樣百出，碰、吃、槓、和的十三張並無興趣。現在面對着這位冰冷冷、呆楞楞的機器人，更感索然。不待杯中餘錢投盡，就獨自轉身離去。後浪推前浪，轉眼間那隻老虎已被新人所包圍、所淹沒了。

我轉移陣地，去參觀「三十六輪盤賭」。莊家用兩枚大骰子在飛轉的輪盤中擲出點數，以決定押數字者之勝負，有賠有吃。押注者自五元開始，至千元不等。因爲賭注較大，看到賭徒們額角沁汗，面色陰陽變化不定。有的人籌碼輸光，一語不發，抬腿便走。此中況味，是否眞有所謂緊張刺激的樂趣在其中，我是外行人，不便在此作內行語。

有些人圍着賭桌「猜二十一點」。由莊家分發紙牌猜點。開牌後手中點數大於二十一點者屬輸；小於二十一點者再與莊家點數比較多寡，決定勝負。眼見一位妙齡女郎，身着賭館制服，或許因手運不佳，作莊時不斷統賠。不過片刻光景，卽被老闆斥退，另換新手上陣。看來此中工作人員生涯，也蘊藏着一把辛酸淚呢！

當百戰歸來，四位賭友重新聚首時，檢討戰果，成績並不輝煌。三位女生全輸，唯有男生運道好，贏了四十九元。這樣一來，今天的伙食費，就全由贏者會鈔哪。

歸途時漫步在用木板架空搭成的人行道上。一邊濱海，沙灘上白鷗低昻，浪花拍岸。餘霞散成綺，將西天染成一片金色。一邊傍城，霓虹燈閃爍變化，音樂聲宛如波浪般起伏不定。「車掛轊，人架肩，閭閻撲地，歌吹沸天。」我忽然想起鮑照「蕪城賦」中幾句名文來。這座紙醉金迷的賭城，將來是否也會如中國的「蕪城」一般，同化刼灰，同其厄運呢？

聽到自己的足音在木架上發出「托托托」的空響聲，「屧廊人去苔空綠」，當年那響屧廊上的傾國佳人何在？那久已沉埋幽徑的吳宮花草，是否仍在搖曳弄姿呢？蹀躞在大西洋岸畔的銷金之窟，我竟將自己的心靈，失落在古與今、東與西、歡笑與哀愁的歧路之間。

一九七九年七月

長木花園之雨

這是我第三次漫遊長木花園（Longwood Gardens 在 Kennett Square, PA. 爲美東最著名之花園）上次來時，冰雪載途，氣候嚴寒。此度重來，偏又遇到斜風細雨，濕透芳菲。

家玲姊是首度來遊，見到雨打名園，不免連呼負負。淑萍則始終笑吟吟地撐起一柄小巧花傘，爲我們左撐右遮，盛意可感。學信兄十分好脾氣，永遠耐着性子，客串司機。雨！你儘管下吧，賴有賢主人鼎力支持，也就不怕你的小小惡作劇了。

我們隨着大夥遊客，避入花塢暖殿。前年冬天遍地滿栽的聖誕紅和聖誕白已不復見。起而代之的是翠藍色、碧綠色、銀紅色、乳白色、淡紫色等各色繡球花，雲蒸霞蔚，脈脈相迎。原來萬紫千紅都開遍，我們這些俗人大隱市廛，竟曚然不知。對於造物者的四季辛勤和一番美意，能不感到慚愧？

玫瑰、薔薇、芍藥、牡丹、杜鵑、海棠……都正値盛開季節，一片花山香海，直逼得我們眼花撩亂，啞口難言。奇花異卉中，有來自秘魯、智利的「金蠟燭」(Gold Candle)，一支支燦然明艷。有來自英倫的「珍珠簾」、一粒粒碧綠色的細小珠粒，密集下垂，如雨、如霧、如簾。有嬌艷欲滴的「垂絲海棠」；有似小鳥啓喙高鳴的「天堂鳥」；有英姿峭挺的「鹿角草」，高懸牆上，幾可亂眞。有形如一排排羽扇的芭蕉樹，婆娑綠意，腋下似有風生。……

那日本庭園中的「矮松」，標記上仍書爲四百年前物。記得兩年前我曾過此，此次豈不應該改爲「四百零二年」呢？它矮雖矮，卻已閱歷人世滄桑，逾四百年之久，能不傲然自豪，而以蜉蝣視萬類？

池面的睡蓮，夜來睡足一池碧水。此時張眸微笑，笑荷葉何其田田？笑露珠何其點點？蝴蝶蘭想必來自東方，高標秀韻。在衆生相中，它應是屬於空谷幽崖中的高人雅士相。門前，那千絲萬縷的垂楊柳，仍然向遊人哈腰鞠躬，深情款款，別意依依。

門外，雨愈下愈大。可是那滿園的石塊、噴泉、竹林、松柏……看上去更加鮮活。雨洗出無邊新綠，雨孕出一片生機，過去被紅塵所淹沒的萬物，此時在空山靈雨中，似乎一起都活了。

我自雨中來，還從雨中去。爲愛雨中花，隨緣且小住。雨固無負於人，人又何憎於雨？雨淨化了我心中的塵垢，爲寫俚歌一首，聊以當謝：

「名園新雨後，萬類俱鮮妍。

蕊垂若含笑，石潤欲生蘚。
蒼松滴黛色，翠柳籠輕煙。
犬吠池邊影，魚吹荷底錢。
羣兒拊掌戲，蛙鼓競蟬喧。
覩此欣欣意，渾忘七月炎。
客從東方來，三度訪桃源。
歲歲花如繡，年年人似仙。
花有重開日，人難再少年。
莫怨花無情，化泥仍護蓮；
莫嘆月無心，低徊閣館間。
行行日漸遠，回首路三千。
浮雲蔽滄海，勞燕幾時旋？
費城一揮手，別意滿關山！
多謝賢主人，珍攝善加餐。」

一九七九年七月

「五子」和「四齣戲」

許多去國多年，返里省親的年輕女士們，常不免啼笑皆非地受到「三氣」之譏。「三氣」者，服裝土氣，講話洋氣，而用錢則小氣也。

如果這幾句諷刺確是實情，那麼它反面的意思，也就是等於昭告世人，寶島上的仕女時裝，十分神氣；講話不夾雜外國語文，純中國氣；用錢出手大方，表面濶氣。不過，少女們無論屬於何種氣，但至少都流露着青春稚氣，洋溢着女生傲氣，抖擻着希望朝氣。一舉手、一投足，在衆目睽睽之下，仍足以揚眉吐氣。

最可憐的應數那些韶華已逝，而又偏遠適異國的老年女士們了。在此且聽幾位老母們的嘮叨對話吧：

「到美國來探視子女，滿以爲可以享幾年老福，沒想到被打入『五子』之列，多少年來都不能翻身，苦哉！」

「何謂五子？」聽得咱一頭霧水。

「五子者：目不識英文——瞎子。口不能道美語——啞子。耳不能聽番話——聾子。不會開車行遠——瘸子。終日燒洗煮燙，照顧幼孩，豈不是老媽子？」

「在美國、女傭週末尚有假期。而依親生活的中國老母，除了工作之外，還是工作。深夜被兒啼聲驚醒，年輕人尚容易再呼呼入睡，而老年人則輾轉反側，難以成眠。次晨起床，縱然頭昏眼花，還得跟在初學步的幼孩身邊打轉。你說呢？豈不是苦？」另一位老祖母說。

「佛說：苦海無邊，回頭是岸。既然認爲是苦，何不回頭歸去？」

「是呀！我就打算回去，我來美後，已經演唱了三齣戲。現在第四齣好戲，正待開鑼。」第三位老友笑答。

「失敬，失敬！我從來不知你會唱戲，莫非參加了那一個旅美國劇社？」（按紐約有四個中國國劇社，票友們都是頂呱呱的國際知名之士。）

「參加劇社，談何容易？只是我獨個兒自拉自唱罷了。我此來是探望我的獨養女兒，所以第一齣戲唱的『母女會』，開始時唱得倒還蠻起勁。第二齣唱的『跑城』，由女兒、女婿輪流開車，載着個老娘親到處奔波觀光，跑到精疲力竭，幾致唱不成聲。第三齣呢？唱的『坐宮』。這所冷宮不知不覺間已被哀家寡人坐了三年之久，眞是越坐越冷清、越苦悶。既無老友時來談天話地，更無牌搭子合作聯手築城。個中滋味，難以言宣。現在我不得不強打精神，準備唱第四齣戲『鳳還巢』了囉！」

原來如此，從「三氣」到「五子」，到自拉自唱的「四齣戲」，在這些簡單的數字之間，是否也透露出一絲絲去國懷鄉者的寂寞消息？

一九七九年十月

紐約的世界貿易中心

紐約市最高建築物「世界貿易中心」(The World Trade Center) 是兩座方柱型的大厦，比鄰而立，遠看像一對白玉方圖章，鶴立鷄羣於一大堆灰色結構之中，俯瞰着茫茫煙水。從一百零七層樓頂往下看，使人不禁感到一陣頭暈目眩。定下神來再度眺望，心中暗嘆一聲：「故鄉無此好湖山！」

向東看，有兩道虹似的大橋——布魯克林橋和曼哈坦橋，橫跨在東河 (East River) 之上，河對岸是布魯克林和皇后二區，甘廼廸國際機場也隱約在望。欲從地勢樹形間辨識當年曾在皇后區住過十四年之久的故居，但凝眸處，只能憑想像猜指，往事前塵，卻一一兜上心頭。歲月、竟是如此之不堪回首！

沿着白石護欄向北極目，這面是曼哈坦島主要精華所在。過去曾有世界最高樓之稱一百零二層的「帝國大厦」，現在面對貿易中心大樓，只好屈居亞軍。但它那高聳入雲的尖頂，似仍在向天空和人世表達着它無言的抗議與驕矜，其英姿挺拔之美，絕不弱於長方盒型的貿易中心。

在紐約第三高的要推 Chrysler Building，它那經過特別匠心設計，銀光閃閃的頂峯，在春陽之下，綽約生輝，美麗得就像神話中的夢之屋。Chrysler 原是美國第二大汽車公司，去年卻幾乎虧折到關門，這座有名的高樓早已轉賣給一古老大學爲校產，令人不免生世事滄桑之感。此外，歷歷可數的名勝區如聯合國大廈、泛美大厦、華盛頓廣場、第五大道、中央公園、洛克菲勒中心……星羅棋佈，鬬勝爭奇。近處如華爾街、紐約證劵交易所、百老滙大道……等，人車交織，如蟻；樓舍小巧玲瓏，如玩具積木。遠處如極北面的布朗士區，僅有一痕山影可辨而已。

順着反時針方向走，西面、赫德遜河 (Hudson River) 浩瀚奔流，就在貿易中心大厦下入海。上游橫臥河上的喬治華盛頓大橋，形成一道淡淡的弧形，將紐約市與新澤西州緊密地聯繫起來。

從對岸河流和港汊之間，遙眺新澤西州，平疇沃野，春樹碧雲，名城如澤西市 (Jersy City)、友聯市 (Union City) 等，均隱隱可見。

視線與足跡再折而向南，大海之中，那位儀態萬方的自由女神 (Statue Of Liberty) 正守衞着這塊神秘且神奇的新大陸，似向全世界人類高擎着象徵自由與民主的光芒。這座建築是現代摩天大樓工程的先驅，是法國人在革命後，送給美國獨立的不朽大禮物。

史他特島 (Stater Island) 是紐約市的第五區，面積最小的一島，建築物以平房矮樓

為主，在雲水蒼茫中別具雅韻。南邊紐約海灣愈遠愈覽，船隻點點，海鷗翩翩，銀色的浪

濤，激蕩起旅遊者的無限豪情，油然而與「前不見古人，後不見來者」的天地悠悠之感。

這兩棟巨無覇大樓、動工於一九六六年，完成於一九七三年。當工程進行到一半時，外

子的辦公室即已遷入。一九七二年秋，我特來新廈觀光，那時因尚在建築中，地下層全為磚

瓦木石等材料所阻塞，交通甚感不便；辦公室中，更瀰漫着一種石棉與灰塵的氣味，使人窒

息不適。外子夙患過敏性氣喘，至是舊疾轉劇，這也是我們不得不離此而遠赴他國之故。據

他說：此二大樓為紐約與新澤西二州政府合資興建，一美籍日本建築師設計，空氣調節系統

欠佳，有偷工減料之嫌。

事隔多年，今日再度重來，它已修建得美侖美奐，氣象萬千，成為紐約市最大的世界商

業中心。據統計內有公司機構約一千一百家，每層面積約為一英畝，每日在此辦公人口為五

萬人，來自各地的觀光客則日逾八萬人。全部辦公室面積約九百餘萬平方呎，有窗四萬三千

六百面，共用玻璃六十萬平方呎，共挖土方一百廿萬立方碼，樓下廣場五英畝，包括約合四

個足球場之面積。地下室內，一次可供停汽車二千輛。公共場所中，經現代藝術家以各種特

殊材料精心設計之新穎藝術品，琳瑯滿目，美不勝收。

在紐約市寸土寸金之區，乃有如此豪華大手筆，主其事者的理想與魄力，令人欽佩。

猶憶當年在西北道上，途經留侯廟，高閣中有上聯曰：

「到此不敢高聲，恐驚動上界神仙……」

而此間贈給旅客的名言是：「在晚上，請不要觸動星星。」(And in the evening, please don't touch the stars。)

古今中外，雖時地不同，人物互異，然就靈心慧性、文采意境來說，二語實有異曲同工之美。

一九八一年八月

那年的除夕

難忘那年異國的陰曆除夕，坐在火奴魯魯（Honolulu）威奇奇的海畔（Waikiki Beach），一邊是無垠的滄海，夜色沉沉，海風和煦，陣陣波濤拍岸。另一邊是成排萬丈高樓，霓虹燈千奇百怪地流走閃爍。馬路上成羣結隊的兒童，正在燃放焰火。每當那彩色的銀輝，從夜色中拔尖而起，然後炸裂、分散、放射，化爲千萬朵流星，成拋物線形繽紛而下，然後倏然隱沒於沉黑的太空之中，大地上便爆發出一陣童稚的歡呼和喝彩。

人們是如此地興高采烈，在沙灘上坐着躺着、倚着偎着、抱着吻着的，不都是一對對青年情侶嗎？也有白髮皤皤的老年伉儷，相攙相扶，來此共享二度蜜月。也有抱女牽兒的中年夫婦，攜帶大批飲食水果，就着岸旁的白石桌椅，全家人開懷大嚼，無人不是滿面春風，無人不是彩衣斑爛——「嬷嬷裝」、「比基尼泳服」、搖曳生姿的及地長裙、爭奇鬪艷的各式花衫，……全部出籠。農曆新年本是中國人闔家團聚的好日子，數千年古老的習俗，已被東方僑民社會，全盤帶到了夏威夷，其熱鬧鼓舞的氣氛，甚至比中國更中國化。

在這全島騰歡的嘉年華會，我非屈靈均，何爲獨自披髮行吟澤畔？我非柳柳州，何爲亦顧化身千億，散置峯頭，企踵遙望故鄉？

只爲在滄海之西，我有高堂老母，睽違已將三十載。

在滄海之東，我那尚未成年的孩子，昨夜搭乘航空公司班機，獨自負笈異邦，離我凌空而去。

在滄海之南，爲我飄泊旅居之地，明夜卽將離此而去，辛苦流離又一洲。離開這曾佈滿了孩子足印的海灘；離開這曾目送他騎着腳踏車的背影，飛馳奔向的「鑽石山巔」(Diamond Head)。

此刻，我只是一名怱怱過客，內心中充滿悽其。與這繁華歡樂的世界，絲毫沒有沾連，不能融合，無莞然微笑之意。「僕夫悲予馬懷兮，蜷局顧而不行。」當年，屈大夫尚有僕馬追隨，而我呢？只有滿懷蕭索。

「黯然銷魂者，唯別而已矣！」江文通眞是一位可人，在一千五百年前，就已經一語道破了人間別離的秘密。

今夜，當我已返自南溟，置身在這火樹銀花、金迷紙醉、爆竹聲燦然盈耳的臺北市，我何爲仍如是而戚戚？是否？只爲我依舊忘不了那年的除夕？

一九七七年元月於臺北

丁輯：

澳洲之旅

——「紅樹青山合有詩」

調笑令

(一)獅吼

「獅吼、獅吼，震撼一天星斗。飛沙走石呻吟，宇宙低徊氣凝。凝氣、凝氣，拄杖慎防落地。」

(二)鷓鴣

「鷓鴣、鷓鴣，別汝離懷愁苦。開籠彩羽扶搖，百囀空悲路遙。遙路、遙路，北渚南嶼無數。」

(三)黃犬

「黃犬、黃犬，『琥珀』嘉名不忝。奔騰跳躍呼嘷，歡吠迎人尾搖。搖尾、搖尾，一別迢迢秋水。」

（四）明　月

「明月、明月，冷冷乘風清絕。太空漫步浮遊，億萬光年水流。流水、流水，誰寫人間青史？」

以上四闋小詞，是我一時的遊戲筆墨，調名「調笑」，意亦可知，玆分別詮釋如次：

第一首「獅吼」，是我遨遊墨爾鉢動物園時，驀地裏聽到了獅子吼。

昔讀蘇東坡嘲陳慥季常的詩：「忽聞河東獅子吼，拄杖落手心茫然。」很是欣賞它的幽默風趣，但不十分了然獅吼究竟作何聲音？呈何狀態？何以令人震恐至此？直到這次偶遊獅子園，在暮色沉沉中，忽地一獅怒吼，羣獅爭響。一霎間，山鳴谷應，草木颯颯，眞正是大開了一次耳界哪。

傳燈錄說：「釋迦佛生時，一手指天，一手指地，作獅子吼，云，天上天下，惟我獨尊。」善哉善哉，如是我聞，獅子吼的確懾人心魄，震動世界。可惜的是我這支拙筆，卻無法描摹出它的景象來。

第二首「鸚鵡」，是我離美赴澳前夕，向籠中鸚鵡，告別之作。

鸚鵡雖爲微禽，卻能效人言，善通人意。你對它有三分珍惜，它對你竟有十分親近，它會飛到你掌中覓食，或是立在你肩頭理翅，頗能領悟到主人的友誼，而無戒懼之心，較之人類複雜的社會，感情上還要息息相通些。

記得故鄉附近名勝，有所謂「鸚鵡洲」者，乃因漢末名士禰衡，在此寫「鸚鵡」一賦而得名，（後禰衡爲黃祖所殺，卽葬此洲。）每誦崔顥詩：「晴川歷歷漢陽樹，芳草萋萋鸚鵡洲。」既念故鄉，兼念鸚鵡，更自念也。想像那「日暮鄉關」、「煙波江上」的景色，怎不使羈客銷魂，遊子增愁呢？

第三首「黃犬」，乃是紀念我昔年在臺時的故犬「琥珀」而作。

「琥珀」雖已謝世多年，但在我的心目中，它仍然生動活潑，一如往昔，就憑這點記憶靈根，成爲人生痛苦之源。

「欲除煩惱須無我，各有來因莫羨人。」但願今後我能無我相、無人相、也無衆生相，得解脫煩惱而頓悟菩提。

第四首「明月」，乃是當太空人第一次步月時所作。那夜，面對着螢光幕上的一輪皓月，全地球人類都在爲歷史作證，證明世界文明共同向前邁一大步。

明月，今後將不再是詩情畫意的象徵，而是太空科學努力研究的對象。爲了抓住這最後一夜詩意的尾巴，因而寫下這首小詞。

子曰：「逝者如斯夫，不捨晝夜。」小詞爲言雖微，但願它在這逝水的年華中，也能替人生作一小證。

一九七三年八月

習畫者言

「「告訴你一個秘密，六十歲正是讀書的好時候。」這是某電視上的廣播術語。其實此事本非秘密，年齡也不限於六十。任你「不惑」或「知命」之年，乃至「人生剛開始」的「七十」，只要你肯放下屠刀，便可立地成爲學生。八十歲學吹鼓手，那又有何不可？記得當年美國有位摩西婆婆，七十歲才開始學畫，竟然成了名。年近百齡，才息勞歸主。二十多年間，在人世上頻添了許多不朽的傑作。「人生短暫，藝術永生。」「活到老，學到老。」這的確是兩則越陳越新的好格言。

從去年起，爲了補學平生想繪之畫，我也居然披上了油彩斑駁的畫服，走入這所藝術學校之門，從頭作一個「老學生」。

起初以爲我一人夾在一羣毛孩子當中，可能有點尷尬。上課之後，才知大謬不然。全班共九個人，除了兩位白髮蒼蒼的退休「男生」外，其餘全同我一樣，一手拉着菜車、一手拎着畫箱的家庭主婦。有時會有一位額外學生、年甫四歲的「小小畫家」介入。當他的老祖母必需看顧他時，便只得把他帶到課室裏來，在空地上鋪上一張大白紙，放下一枝小蠟筆，再加上幾粒糖果餅乾，讓他在紙上去爬、去吃、去開始信筆「塗鴉」。

小小畫家只是偶然一至。教室裏經常最年輕最突出的要算那位老師了。他大概甫近「而立」之年，生得長身鶴立，鬈髮如雲。通常着一條泛了白的牛仔褲，套一頭補了肘的毛線衫，藝術家的風度，灑脫而自然。

爲了尊重學生們的年齡，他總是冠以「密司脫」或「密昔司」的稱謂。而學生們對老師哩，則直呼其名而不知其姓。初次見面時，我曾請教他：「先生貴姓？」他說：「我叫『派梯』，喊我的名字好了。」

「東是東，西是西。」風俗習慣眞是大異其趣。使得從一向尊師重道，東方文明古國來此番邦的我，竟然變成一只鋸了嘴的葫蘆，從來也不肯張開口喊他一聲名字。

九個人，來自天南地北，但大家卻「有志一同」，在藝術的氣氛裏，翱翔自得。泯滅了一切世俗的藩籬，如種族、國籍、年齡、地位……等。倒也頗有「四海一家」的意味。雖然老師的年齡很嫩，學生們仍然很尊敬他。「聞道有先後，術業有專攻」是也。聆他一席話，頗能祛疑解惑不少。他說：「人皆有繪畫的潛能，可惜許多人一生中沒有機會去發展它。只要你有興趣，肯努力，大筆一揮，就會有一張可能是「傑作」（Master-piece）的成品產生。」

老驥伏櫪，尚且志在千里。何況你我這些生而有繪畫細胞的萬物之靈的人呢？這樣一想通了，就能豁出去，從心所欲地大畫特畫起來。

首先從素描學起，用木炭條習繪靜物。舉凡酒瓶燈泡，羊角牛骨，石塊偶人，黃橙紫茄等，都來入畫。過去從來不屑一顧之物，現在都上得了枱盤。譬如破爛的麻布袋，成了鮮花的背景；猙獰的骷髏頭，映影在明鏡中，對人露齒而笑。許多醜陋的實物，一旦上了畫面，竟都有幾分美感。文學中有「以醜爲美」之說，繪畫之道，似亦復如斯。陽剛是美，陰柔亦美；寫意固佳，工筆亦好；美誠然美，醜也未嘗不是一種特殊的美。「萬物靜觀皆自得，四時佳興與人同。」這本是詩人之語，但詩歌與繪畫同源，同屬於藝術，二者息息相通，明乎此，則以「畫眼」觀物，無所往而非美的妙趣、美的化身了。

當繪畫的工具，逐漸由炭條，而粉筆、而油彩；描摹的對象，從靜物、而人像、而野外寫生時，學生們都說：「我喜歡野外寫生」。但這碼子事，必須具備幾個條件：第一要當天風日清和，第二應預備交通工具，第三該地有花光水色，第四學生們都腰腳輕健。每當四美既俱，野趣勃發之時，就各自挾起畫册，登車就道。地點多在附近公園，面對着繞堤烟柳，一湖鵝雁，左顧右盼，東塗西抹，其樂眞不啻羲皇上人，「暖風吹得畫人醉，」有時幾乎錯把澳洲當杭州呢？

在孳孳汲汲之中，很是羨慕孔夫子所說的「發憤忘食，樂以忘憂，不知老之將至。」的境界。人對任何學習，如果能修到如此地步，那便是更上層樓，入於化境了。

四美既難常俱，野外寫生遂亦不可常得，大多數的時間都在畫室內消磨。由「人像」進而到「人體速寫」，其過程又向前大躍進了一步。據說自古迄今，西方畫家們對人類的天體，都有一繪其自然與神秘眞貌的願望。人最不容易瞭解的，本就是人類本身。醫師但研究其生理結構；畫家則羨賞其輪廓線條，但誰又眞能探索到人的內心呢？

面對着曲線玲瓏的玉體，實在是「我見猶憐，何況老奴？」那些職業模特兒們，每隔十分鐘或一刻鐘，便自動轉換一個姿態。如果你筆底不够快，一幅夢寐以求的「傑作」，卽告流產。除非事後靠想像力求補充。但是，閉門造像，談何容易？尺寸稍一逾越，比例便不勻稱，本是其頎的碩人，可能被畫成畸形的侏儒；本是「增之一分則太長，減之一分則太短。」的東鄰美女，可能變成一位佝腰僂背的「嫫母」「無鹽」。醜化佳人，唐突西子，實在罪過。

因之，每逢上此課時，心理上便十分緊張。必須將紙張畫具，準備週全，使之取用便捷，不宜有絲毫的躭擱。有些同學們邊畫邊嚷：「這可不是好玩的事，我可跟不上來呀！」有的索性擱筆長嘆，搖頭苦笑，「事非經過不知難。」許多局外人想像中應是趣味盎然的事，卻不知局內人正在艱苦奮鬥哩。

可是，從這種轉換不息的速寫動作中，我卻得到了一個恍然的啓示，如果有人動問：「繪畫究竟有何樂趣？」我將敬答：「樂在生生不息地創作。」當你刻意創新，突破前人，一幅既成，其樂無涯。或者，你雖然不能超越前人，但是你能超越你自己，一幅比一幅進步，日新又新，在默默耕耘中享受到果實的豐收，這種對藝術的沉潛與熱情，豈不也是人生「一樂也」？

由於這種觀念，是以我不介意於任何畫派。只求我能樂在其中。既不必強迫自己去追隨時髦的「抽象派」，去畫那些幾何形的線條；也不必沿波逐流，去募仿「畢加索派」那些立體式的圖形。「印象派」的光影迷離，「表現派」的色彩豐盈，「浪漫派」的奇思玄想，「古典派」的工細精緻，……各有所長，各盡其妍。取其精華，棄其糟粕。將外面世界與內在心靈結合起來，加以融解、淨化、昇華，流於筆底，湧現畫面，而自我陶醉於自己的畫。

莊子逍遙遊篇中說得好：「鵬之徙於南冥也，水擊三千里，搏扶搖而上者九萬里，此誠飛之至也。然斥鴳笑之曰：『彼且奚適也？我騰躍而上，不過數仞而下，翱翔蓬蒿之間，此亦飛之至也。』」

是的，人如果能徜徉在自己的小小宇宙之間，各盡己能，各適其樂，又何嘗不是「飛之至」也？「視大人，則藐之。」鵬與斥鴳乎何有？

敝帚既可以自珍，蓬蒿亦可以自豪，那麼，在繪畫的領域中，又豈無心領神會，獨得之樂？因之，不自菲薄，不揣固陋，寫下斯言，公諸同好。

世有會心者，敢冀各人盡其在我，無所用其愧怍，同逍遙於至樂之域。

一九七五年七月

聽雨和旁白

山雨欲來，驚風動野，雲霧瀰漫，天容有如潑墨。大家趕緊收拾畫具，搶先躲到那座車棚下去。

長身玉立的琳，是今天「文藝沙龍」的女主人，她一番盛意，邀請我們這批藝校的朋友，到她的別墅去作寫生。不想天公不作美，本是皦皦的晴空，一聲雷響，忽地豆大的雨點刷刷地自空而降，直打得那鐵皮棚頂，像擂鼓一樣，鼕鼕地此起彼落，響個不停。起初我們還有閒情逸致，想攤開畫架，來描摹這幅煙雨雲山圖。不想雨愈下愈大，簡直像天上有人在倒水。嘩啦嘩啦地，又像千軍萬馬從遠方奔騰呼嘯而來。車棚雖然不小，但四面空曠，擋不住飃風斜雨，擠在最中間的人，已是髮蒙水霧，更何況靠近簷溜者。這所車棚，是女主人臨時駛出幾輛汽車和兒童腳踏車，讓我們暫時歇足避雨之處。也只有在鄉村空曠的山頭，才能建築如此巨大的停車間。但十幾個人擠在裏面，腳手終嫌施展不開。在這樣荒僻的郊野，傾聽雨打棚聲，心中也滿覺得不是味道。

回憶不知何時已悄悄地爬上了心頭。想起在故鄉少年時代的我，也曾在小樓上聽過整夜的春雨，明朝深巷裏的賣花人，常會送來盈握帶雨的鮮花，來點綴那支膽瓶，因而洋溢着滿樓的生意。在抗戰流亡時期，大夥兒在大後方成都草原上受集中軍訓，由中隊長領導着到野外練習打靶，也曾在雷隆隆、雨淋淋聲中，依着口令「臥倒」、「擧槍」、「開火」，在泥淖裏打滾過來。而那時候大家意氣昂揚，壯懷激烈，這點雷聲、雨點和泥淖，又算得了甚麼？在臺灣炎夏季節，每天午後經常一陣驟雨，把亞熱帶的暑氣一掃而空。那樣猛烈的驚雷、怒電、暴雨，好痛快噢！把人心中所積蓄着的疲累、煩燥和鬱悶，也似乎一掃而空了。

在紐約街頭，牽着孩子的小手送他上學，狂風忽然吹走了他頭上的雨帽，孩子高嚷着：「帽子！帽子！」他用力摔開小手，邁着腿，去追那乘風而去的帽子，而我又緊跟着去追那在風中翻滾着的孩子。急雨像鞭子一樣，發狂地抽打着我們的眼、臉和頸背。一長一短的兩個人影，一前一後地跑着。穿越過大半條馬路，猛聽得身後汽車緊急剎車聲，好危險呀！抬眼望孩子恰好伸手捉住了那頂凌風起舞的帽子。他笑了，我笑了，路上行人和車中人也笑了。

於今，那小樓上的花香，那草原中的人語，那亞熱帶的陣雨，和那北美街頭翻飛着的帽影，都到都裏去了？簷溜不停地在眼前滴嗒，而我心中也在反覆低吟着一曲「雨霖鈴」。

「殷格瑞，你在呆想些甚麼？」爲了便於洋人稱呼，我取了一個洋名。至少它第一聲發音，與我的本姓有點近似，然而我自己卻老不記得我自己的名字。茫茫然、怔怔然，直到被人用肘輕輕撞了一下，才猛然驚覺，我必須收攝心神，來應付眼前的世界。

「沒甚麼，只是在想如何動筆畫這幅雨景。」

竟然讓人看出是在作「白日夢」，那是我的不是了。爲何不用耳朵聽雨，而偏要用心靈聽雨？

「外面太冷了，還是進屋子裏去吧。」

「這樣十幾雙泥足，豈不踩壞了漂亮的地毯？」

「地毯可以洗的，進去喝點酒，大家暖和暖和。」

酒櫃上排列着紅灧灧的葡萄酒，女主人正在忙着將玻璃杯一一斟滿。

「你爲甚麼不呷幾盅？」

「我一向不能飲。」

「中國人不大喜歡喝酒，是嗎？」

「哪裏？中國人豪飲海量的很多，只是我的量淺。」

「我亦多情無奈酒闌時。」彷彿是誰寫過如此詞句，我只是無奈於酒後的情懷罷了，豈是從不解飲？「醉鄉路穩宜頻到，此外不堪行。」我豈不知這種境界？但是，在這陌生的異國，我如果頻到醉鄉，踏着蹣跚的步伐，又如何能獨自尋覓歸路？我再度在心中作着旁白。

「你喜歡這個國家嗎？」

又是老調，不知已彈過多少遍了。

「當然，這是一個美麗可愛的國家。」

「氣候呢？」

「氣候溫和，四季如春。」

我並非溢美，澳洲論氣候、論風土、論國情，自是得天獨厚，不愧被譽爲「世外桃源」。可是，「雖信美而非吾土」。遊子對故國的相思，豈足爲外人道也？

「中國人的手指都像你這樣十指纖纖嗎？畫起來眞美。」不知哪一位從斜空裏冒出這樣一句問話來：

我啞然微哂，從他們黃髮碧眼兒看來，東方人渾身充滿了歧異與神秘，何況大家學的是繪畫，更容易着眼於人體的輪廓與線條了。

「也許，大多數的中國婦女，指形比較纖秀。」我回答說；另一方面，我卻在心語：我大多數中國同胞，都是雙手萬能，堅實有力的健者。只有像我這樣百無一用的人，才有着這副長相。不過，他們既視十指如葱，具有繪畫上的美，就讓他們這樣去自以爲吧。

「你這幅畫眞好。」主人十一歲的幼子挪移近我身邊說。

「好在何處？」

「你只畫週圍一圈圈樹根，顯得這座山好深好遠。」

他說對了，「咫尺應須論萬里。」我所求的，正只在深和遠。

「你也在學畫嗎？」

「我媽媽教我。」

似乎美國開國時第二任總統亞當斯（John Adams）說過這樣的話：我們這一代人必須搞好政治、法律、經濟、工業、農業……我們下一代的子孫，才有機會發展繪畫、音樂、詩歌、文學、哲學……。

「衣食足然後知榮辱，倉廩實而後知禮義。」中國不也有類似的話嗎？澳洲自立國以來，迄無戰亂，百餘年的安定與繁榮，使得他們目前這一代的子孫，已能在豐衣足食中，自闢蹊徑，去追尋人類世世代代所企求的不朽文明。一部多災多難的生活史，是否但爲我們中國人而寫？

「瞧，他們都在畫你。」孩子的聲音，再次打斷了我的意馬心猿。我驚訝地抬起頭，果然，地毯上、沙發上，四面八方圍坐的人羣，都拿着紙筆向我微笑。

「殷格瑞，你不介意吧？我們都好想畫你。」

「沒關係，請便。」

我是他們之間唯一的東方人，免費畫像，施者受者，豈不皆大歡喜？可是當我看到他們紙上的成績時，不禁嗤之以鼻。有的畫出一位頭戴巴黎小帽的摩登女郎，有的則變成怒髮衝冠的羅馬武士。——那天因人人頭頂雨帽，劣手便不免張冠李戴了。他們對東方人不但分辨不出年齡老少，幾乎連男女性別也不甚了了。

「意態由來畫不成，當時枉殺毛延壽。」幸賴王荆公的妙句，化解了我的不滿。連國手且描摹不出人的神情意態，何況這些尚未出茅廬的學子。

直到琳高擧起她手中的速寫簿，我才爲之幡然心折。她紙上現出一位垂髫低眉，陷入沉思神態中的人，筆姿之活潑勁練，已臻上乘。

「你畫得眞好。」我由衷地讚嘆。

我明瞭，當我在用心靈聽雨，向空山獨白之時，而她也正在遙睜慧眼，觀察入微。

「我已有六年的畫齡了，最近才摸索到一點門徑，但成績不過爾爾。我覺得畫人像，神似應重於形似。」琳說得如此謙遜，而又如此透闢。

莫謂國無人，「十步之內，必有芳草。」今後切不可小覷天下士，我又在暗地裏思忖。

「下次請再來，殷格瑞，我要仔細地爲你畫一張油畫。」

「謝謝，我會再來的。」

我們萍水相逢，多蒙青眼。你已源遠流深，而我則紮根無土。下一次，我將踏着車轍重來，讓你完成新作，然後道聲「珍重！」揹起那沉重的畫篋和行囊，直入千山萬壑中，去尋覓我自己的方向。我又一次面向空山，獨自作着旁白。

一九七五年十月於墨爾鉢

企鵝的樂園

今年三月下旬，徐敍賢學長由臺北抵澳洲。「有朋自遠方來，不亦樂乎？」當我們到機場去歡迎他時，深感自我不見，倏忽四年。且喜歲月在老友身上，尚未留下任何痕跡，他仍然健談、健步、健餐、健飲（飲茶也）。精神奕奕，談笑風生，給久客他鄉的人，捎來無限欣喜。

他此行包括雪梨、墨爾鉢、紐西蘭、新加坡、香港等地。墨市是他的第二站旅程。除了附近的是必須參觀的大目標外，「神仙企鵝，列隊遊行。」(Fairy penguin parade) 當然應被列爲遊程之一，距離墨市約七十哩之遙，在海港南端菲力普小島 (Phillip Island) 上的企鵝，我們聞名已久，迄無暇走訪，現在趁此機緣，也一同加入旅遊觀光團。

設備舒適的大型遊覽客車中，坐着三十來位旅客。其中很多白髮蒼蒼，退休了的老年夫婦。有餘資，有餘暇，且無幼嬰負累的人們，才能實踐旅遊之樂吧？客車中活力最充沛的，應數那位年青的司機了。他一面手足並用地開車換擋，一面對着擴音器不厭其詳地導遊名勝，何處是本州著名的醫院、餐館、公園、學校、試車場及歷史古跡等等。澳洲建國僅百有餘年，百年以上的建築物，便可列爲史蹟了。他有空時，就播放音樂，同時他自己也引吭和歌，音色頗美，幾不亞於金嗓子。乘客中之知音者，亦隨聲和唱。「獨樂樂？與衆樂樂？」西方人是眞懂得「同樂」的意義，無論是「陽春白雪」，或爲熱門搖滾，都不乏和而歌者。我們這三位來自東方的「異鄉人」，在這等場合，便只有「乘着歌聲的翅膀」，翻飛、化蝶、入夢，而不欲強作解人。

沿途車時作小停，多是些荒村野店，出售點彩貝奇石之類的土產。這位司機先生，進得店來，搖身一變，似又成爲老闆，長袖善舞地向顧客們兜售着許多紀念品。其間比較值得一看的：一爲小規模的熱帶魚「水族館」，一爲全部用貝殼鑲嵌而成的貝類展覽室，還有一處「樹熊公園」。樹熊爲澳洲特產之一，澳洲語爲「Koala bear」，樹熊毛色似熊，而小巧靈活如猫，善爬樹，喜食橡膠樹葉（Gem tree），經常攀在樹梢頭，目光炯炯窺人，鼻頭圓黑如算盤珠。那嬌憨的小模樣兒，十分可愛。是一種袖珍型的玲瓏異獸。據說它性畏強光，是以禁止遊客們用閃光燈向之攝影。

菲力普島，與大陸一橋相通。浪白沙平，海灣處處，爲避暑及游泳勝地，沙灘上林立着各種多采多姿的小巧屋舖，有的是富人們的海濱別墅，有的則爲待價而出租的旅邸客舍。車停在一家特售魚鮮的餐館門前，全體乘客下車晚餐。我們因行前已自備「三明治」、水果、飲料等物，所以選擇了一灣濱海長堤，坐在一大堆積木上，面對着碧海蒼穹，開始野餐。

沙灘上適有一隻漫步的白鷗，姍姍而來。偶然飼以麵包屑一小粒，這一下可糟啦！成千上百的鷗鳥，瞬息鼓翼而至，空氣中拍拍有聲。它們聞香下喙，見食有份。手中這幾片薄薄的麵包，如何果得了這許多鳥腹？然羣鳥既集，也不得不割饞施捨。將麵包屑向空中拋灑，但見千百張鳥嘴，或俯啄，或仰銜，從各種角度來奮力爭食，喧鳴追逐，翻飛起伏，欲下未下，將翥還旋。雪白的鳥翼，在蔚藍色的海波和金黃色的夕照之間，穿梭交織，展示出一幅異彩繽紛變動不居的圖案畫，蔚成壯觀。很高興我們能親自參與這次人鳥合作的大會餐，頗有化身騰空，加入演出的快感。即使此行不見企鵝，亦復何憾？

行行重行行，終於抵達目的地。天色已完全昏暗，停車場上已到達多輛小車及大型客車，遊人匝集。此地爲一天然半島，宛轉延伸入海。門首高懸木牌：「請勿以閃光燈拍照」。原來企鵝天性，亦如樹熊然，頗爲怯生、害羞、忌鬧、畏光也。除了有一所人工建造的「禮品出售店」外，其餘完全爲自然環境。叢樹蘆葦，斜坡曲徑，本色天成，少假修飾。四週環以高架鐵絲網以防遊客擅自侵入企鵝的王國。

斯時風浪轉急，夜濤陣陣拍岸，我們立足於高坡上，遙見數十隻小企鵝，乘潮而至。宛如士兵接受檢閱一般，在浪花中橫列成一支隊伍，然後昂首挺胸，舉步上岸，有些被波濤衝擊，翻捲至數呎以外，仍然掙扎爬起，趕着歸隊。上岸後則改爲縱行，順序前進。不慌不忙，不疾不徐，有如一列身着潔白襯衫、黑色燕尾服的「小紳士」一般，彬彬而來。體型都不很大，站起來由頂至踵，只一尺多高。一波過了又一波，每次約爲三四十隻。在山頂探照燈光照明之下，大夥兒搖搖擺擺地，爬上沙灘，步入窄徑，在雜草叢葦之中，一瞬間便消失了踪跡。

夜漸深，露漸濃，風浪愈急，企鵝們似一無所懼。然而悄立在山坡上的人，卻有高處不勝寒之感，不得不召喚同遊，廻車就道。

這確是大自然界的奇觀之一。企鵝們天性居則合羣，行則列隊。白晝入海捕魚，向晚歸巢吐哺。幼鵝們都棲息在草際沙坑間，嗷嗷待飼。成長後自己也變爲辛勞不懈的父母，這種忠勤職守和仁慈習性，千古循環不息。

據管理人員說，澳洲地處溫帶，所產企鵝，較之兩極冰洋者爲小，但耐寒力仍很強韌，游泳時天機活潑。壽命平均爲八至九歲，年產卵約二次，每次約爲三至四枚。因繁殖力不算太強，澳政府及人民將之視同瓌寶，十分珍惜。現全島擁有企鵝約共四千餘隻，聘有專家照料保護，成爲維多利亞州觀光勝地，每年可賺取巨額收入。

臺灣的珍禽異獸，種類也甚繁多，如帝雉、飛鼠、紅猴、孔雀、彩蝶……之類，不知是否也有專門組織，加以愛惜，保護及研究？將大自然界野生動物的生活狀態，公之於世，讓它們也成爲世界人士的共同瓌寶呢？

正是：任他風浪兼天湧，且喜樂園好避秦。

戲塡「西江月」詞一首，以爲這批人間幸運兒的企鵝們頌：

「燕尾白裾紳士，挺胸濶步沙灘。偶然跌倒急翻掀，莫使歸窠太晚。　列隊謙謙君子，弄潮隱隱游仙，南溟北極自悠然，羨爾無愁無憚。」

一九七六年四月於墨爾鉢

卜居

一家三口，竟然分處三洲——三年前小兒負笈北美，本月初外子復赴東南亞，而我則仍僑寓澳洲，這究竟是怎麼一回事？想來可是命該如此，注定了這家人必須飽嚐奔走別離的況味？或者是有如孟子所說：「……空乏其身，行拂亂其所爲，所以動心忍性，增益其所不能。」？如此這般地往臉上貼金，稍覺自釋，只是「故居」我已不擬再塊然獨處了。

在那幾間空落落的大房間裏，充滿了對往事的回憶——白天裏少年人的歡笑聲，深宵中嘀嘀嗒嗒的打字機聲，高朋在座時的喧嘩談論聲，和那經常像潮水般傾瀉洋溢着的交響樂曲……這些都會時來叩撼心扉的。我必須另覓枝棲，冀能略減那室邇人遐的悵惘。

可是「卜居」，對我而言，談何容易！翻遍報紙，搜索城郊，那些願意分租的房子，不是交通不便，便是索價奇昂，有的走進去一股霉氣沖鼻；有的光線晦暗，大白天裏也必須高燈孤懸。看來「家」，畢竟是自己的好。平時家人團聚，嫌吵嫌煩。一旦飛鳥各投林，無家可歸時，才會用同情的眼光，注意到那些「喪家之犬」，是何等地惶惶然吧？難怪「Sweet Home」一歌，唱徹中外，古今同賞。

在朋友們的盛意指點之下，終於找到了這所環境合適的高樓公寓。交通既便捷，租金也合理。一套大房間裏，包括有傢俱、被褥、浴、厠、陽臺及暖氣等。最小巧而實用的是拉開壁橱門，裏面竟隱藏着一套小小「迷你」厨房——有小冰箱、小水盆（冷熱水俱備）、電熱水壺、電烤麵包機等，眞是「麻雀雖小，五臟俱全」。就旅客而言，只要眞能經濟實惠，土壤固不亞於泰山，細流又豈遜於江河？我對於莊周的齊物論，似乎得到一次美好的印證。

夫天地者，本萬物之逆旅。我現在既住在這逆旅中之逆旅，又何必再勞心焦思，而不作秉燭夜遊之想呢？是以當我的二位朋友兼「高足」——唐賢仁、張鍾寧伉儷，親自揹來一張長桌，供我閱讀、繪畫及寫作之用時，我眞是欣慰莫名。既然有了適宜的工具，我就可以在這小小的逆旅中，焚膏繼晷，坐擁百城，神會古人，而心遊山水哪！

他倆恐我寂寥，又常來相邀晚餐，遷居甫數日，他們已來探望多次，隆情盛誼，使我慚愧。雖說「有事弟子服其勞」、「有酒食先生饌」，但大家均身處異域，在此分秒皆爭的工商業社會，誰又能額外支付精力時間，講求什麼「克己復禮」呢？

過去我曾自悔誤人子弟多年，久矣夫不爲「人之患」。現在身受其惠，倒想奉勸各位正在執教杏壇的老師們，千萬不要輕易地放下你的教鞭，得天下英才而教育之，的確是人生一樂也！

新居附近的芳鄰，除了前述二位外，還有在墨爾鉢大學教書的朋友夫婦——金承藝教授與林慧卿姊。他倆盛意殷渥，飽學深思，凡事皆予我以指導照拂，這也是我選遷此區的主因之一。此外一位年輕高材的醫師林延齡及其熱心能幹的夫人馬文瑾，他倆念在世誼，常尊稱我爲「伯母」，雖然受之有愧，但因恃有良醫在邇，也就敢大言不慚：或許我可以生得起小病了。

古人託言三閭大夫屈原，曾請詹尹以龜筴爲之卜居。其事未成，不知如何一時間想不開，竟悄然自沉於汨羅。而我與他恰巧相反，不但卜居有成，而且頗能自得：在家靠父母，出門靠朋友，一得也；千金買宅，萬金買鄰，二得也；寄蜉蝣於天地，渺滄海之一粟，三得也。夜深人靜，獨坐觀心，始覺妄窮而眞獨露，每於此中得大機趣（見菜根譚）；閒觀物態皆生意，靜悟天機入窅冥，道在險夷隨地樂，心忘魚鳥自流行（王陽明詩）。皆心得也；……心得既多，頗難盡述，易經上曾說：「大人虎變，君子豹變，小人革面。」我此番遷徙變革，非虎非豹，然亦殊非小人。蓋我目前不僅革面，抑且洗心。面對着新經驗、新境界，不再牢愁滿腹，不再黯然傷神。但覺光風霽月，無礙無滯，人必須從紛雜中覓求寧靜，從矛盾中抽繹和諧，自適其樂，自求多福。易曰：「窮則變、變則通、通則久。」窮、變、通、久之理，我乃於卜居中偶然得證之，不禁心喜。

一九七六年七月於墨爾鉢

薩慕伊之旅

今年三月初，由紐約返澳洲，取道美屬薩慕伊島（American Samoa），使我得有機緣，在這有「南太平洋樂園」之稱的 Pago Pago 市，留連三日。禪說：「有緣千里來相會」，今我不遠萬里而來，豈非正好合着一個「緣」字？

深夜裏抵達機場，步出那燈火通明的現代化建築物，就像落入陷阱似地一片黯黑。沒有路燈，沒有星月，高大的棕梠樹，在路旁海風中搖曳弄姿，就像是無數魅影，正在向人揮手，使一向膽大的我，也不禁感到絲絲凉意。在黑暗中猛地冒出一句人語：「要車嗎？」原來是計程車司機，在向乘客們兜攬生意。總算有了人類的聲音，雖然彼此間語言不甚通曉，但總比在子夜中徘徊歧路的好。人畢竟是不能遺世而獨立的。

這位土著司機，面目古怪，口齒結巴，但他卻很熱情而起勁地介紹着沿途風物。在車燈照耀下，我們約略可看到沿山旁海的一條公路，蜿蜒起伏，直入羣巒深處。行約八哩，忽地峯回路轉，燈光璀璨，一幢式樣別緻的花園樓房，像奇蹟似地聳立在眼前，那就是航空公司爲我們事先代訂的「人造雨旅館」（Rainmaker Hotel）。

顧名思義，這座地近赤道的小島，自是多雨的區域。每天赤日炎炎時，會忽地來一陣傾盆陣雨。天氣既熱且濕，並非理想的居住環境，可是風景奇佳。尤其這所旅館，爲汎美航空公司所建，用以招徠世界各地的觀光客，眞是佔盡了全島地利。它背山臨海，隔着 Pago Pago Harbour，又面對着一座「人造雨」高山（一名 Mt. Piou），海波浩蕩，山影沉沉。在這巨大山影的壓迫之下，使人有心魂震懾之感。偶然一隻白鷗飛來，投喙波心，忽地山影破碎了，波紋久久蕩漾不已。鳥兒振翅飛去，大約要隔一盞茶的功夫，山影始能漸次復合。可是第二隻、第三隻白鷗，不斷地陸續飛來，也就不斷地變幻着這幅生動的圖畫。如果有一只漁船鼓槳衝過，曳着長長的白色浪尾，那就使得山容水態，更加久久動蕩搖曳不已。

第一天清晨，我就坐在憑海的陽臺上，面對着這山環水抱，綠意盎然的畫面，發了半天怔。既無從吟詠歌誦，也無從水彩描摹。人類的語言文墨，畢竟是有其限度，有其障礙的。

午後頂着赤熾的驕陽，僱了一輛計程車，預備環島一週，瀏覽風景。得到的印象是：環島約長二十五哩，中央突起一座海拔超過二千呎的高山，名叫 Mt. Matafao。山脚下環繞着一條蜿蜒的公路和綿亘的村落。一片較平廣的山凹處，便是 Pago Pago 市。有市府、郵局、菜市場及小商店等。因山勢陡峭，無可耕之田，居民大抵不耕不織，倚海爲生。食物以魚鮮海產爲主，輔以天然成林的熱帶水果，如香蕉、椰子、木瓜、芒果等。住的房子，多爲用木柱支成圓椎形的建築物，上覆茅草，四面通風。頗似中國老式茅亭，而格局較大。衣服男人多着白色上衣，而下圍以彩色花裙。女人多着一襲長背心，下擺飄灑及地，頗似夏威夷式的「嬤嬤裝」，而肩背袒露，凉爽過之。土人膚色大抵棕黑，身材則頗健美。尤其女性，走起路來，搖曳生姿，剛健婀娜，確是人體美畫家筆下的好題材。

全島最大的工業，是製造鮪魚（Tuna Fish）罐頭的工廠。魚獲量大多來自太平洋，利用島上勞工，加工後成品以免稅（Duty free）行銷美國。韓日兩國人在此投資頗巨，尤其韓人，以贏利所得，花了五十萬美元，在廠畔海濱，建造了一所「韓國舘」，碧瓦朱簷，廻欄抱柱，頗似古中國宮殿。據說每一片器材，均屬舶來，爲這一純樸小島，點綴生色不少。

此島面積雖小，卻擁有極其深廣的海灣，波平浪靜，漁歌處處。據計程車司機說：美國佬之所以看上此島，將之列入版圖，就是因它擁有南太平洋上最優海港，其深、其寬、其長，足够容納一支海軍艦隊。

目前全島居民，約共三萬餘人，大部份在鮪魚罐頭工廠工作。自有史以來，此島從未受過戰爭侵害。「無懷氏之民歟！葛天氏之民歟！」眞正世外桃源，使我輩世內人羡慕不已。

沿途經過兩處邸宅，均聳立山腰，築有路燈車道，氣派不凡。司機指點：一爲本島總督官邸，一爲美籍醫師住宅，一貴一富，遙相輝映。

此外還看到多處白色教堂的尖頂及高塔，超然物表，鐘聲應和，宗教的氣氛，似已瀰漫全島。

入夜，漁燈閃爍、遊移，坐在岩石上，傾聽風濤拍岸聲，似聞龍吟起於足下。

次日在午餐廳中，邂逅到一位同機乘客，他是美國西部一教授，來此考察教育。據他見告：此島經美國聯邦政府刻意經營後，自二次世界大戰以來，三十年中，已建立起完全的教育體系。現有小學二十四所，初、高中乃至大學均已次第建立，島民可受到普及且完善的 Samoan Style 教育，在拔海一千六百呎 Mt. Alava 山頂上，且建有電視中心（Television Centre），冀將電視教育，深入學校。

尤其新近在 Tulu Point 建立了一所「詹森氏熱帶病醫藥研究中心」(Lyndon Baines Johnson Tropical Medicai Centre)，患者可受到免費治療，將來或可成爲熱帶病治療的研究權威。

這所餐廳，外型仿自島上特有的圓椎形風格，茅茨石階，雅緻樸素。然內部裝修，卻頗爲豪華，一律朱紅色的用具及壁飾。中央有一半圓形音樂臺，三五個被彩色花環簇擁着的棕膚色樂師們，合奏着熱烈震耳的爵士樂。飲食多自外來，如麵包、奶油、牛排、可樂及酒類等，全由飛機運達，是以價格奇昂，四分之一塊本地土產木瓜，索價美金一元（紐約市木瓜是進口貨，僅需六角）。且喜魚蝦倒很新鮮，然烹調手段則不見得高明。薩慕伊居，實在是大不易的。但想到人生難得幾回漫遊「南太平洋樂園」呢？且醉我以木瓜，飽我以葡萄吧！

據說中國漁船來往此島頗多，爲了照料漁民，我政府在此設有領事館。現任領事林君，閩籍，青年有爲，熱誠負責。

第三日破曉起身，搭乘一中型巴士赴機場。不料駛至中途，一只輪胎突然洩氣。加上天容墨黑，大雨如注。司機停車換胎，乘客們均心急如焚，唯恐時間遲誤。男士們大多自動下車幫忙，總算在四十分鐘內，裝換完竣，重上征途，抵機場後，司機卻向我說：「太太，今日只可收你一人份車費。」（按照規定，每人車資美金一元五角。）

「Why?」

「因剛才你的丈夫曾下車來幫忙，非常感謝。」

聽後頓感驚異，自從有搭乘計程車歷史以來，倒是首次聽到這樣重義而輕利的話。「禮失而求諸野」，想不到在如此僻遠之區，這位塌鼻厚唇、渾身黝黑的土著，對異鄉人竟然如此誠摯不欺。

我們當時期期然以爲不可，將兩份車錢硬塞入他的袋中。他卻自動上前一步，提起兩只沉重的衣箱，飛奔向櫃枱旁放下，然後粲然一笑，露出兩排白齒，向出口處大踏步而去。我們不但未給小費，連「謝謝」也來不及說一聲。看來這次不僅是遊歷了「世外桃源」，而且是踐履了「君子之邦」。人是不可但以膚色體型來衡量人的。在這世界上好人仍然很多，好人也永不寂寞，我豈可不將他表而揚之呢？

此事應列爲薩慕伊之旅中最大的收穫，我上了人生最可愛的一課。

海上歸來，百務待理。匆匆寫下數行，以存斯遊心影：

根

「我來了，如風；
我去了，如雲；
　無根。
無根是我的生活，我的生活無根。
那些，在淺灘上互相追逐的女郎，
掬水、拾蚌、歡聲盈野。
對了，你們是有根的。
根、在海、在石、在泥土、在島之中。
我呢？背倚着千呎南山，
向北斗回眸一笑。」

一九七六年十一月

如果墳墓像花園一樣

站在兩排用冬青樹密植而成的長長圍籬和高高拱門的夾道之間，從葉隙中望進去，一片花海。

左手園裏全是紅白二色的茶花小樹；右手園裏則是艷異繽紛的玫瑰花株。加上蜂蝶翩飛，小鳥嚶鳴，將兩座花園烘托得十分熱鬧。

二園地勢平闊，芳草如茵。乍看之下，與一般花園無異。仔細審視，才看出有些與衆不同。首先是每株花樹之間，排列距離，至爲整齊。其次，每株花樹下都平嵌着一塊小小銅牌，在朝陽中閃閃生輝。走近看時，銅牌上都刻着幾行小字。有的寫着：「喬治・史密斯先生，長眠於此。」有的是：「愛子湯姆，時年十五。」「吾友琴妮，願你安息。」「詩人兼畫家惠爾曼先生，來自英國，葬於澳洲。」……最後一行小字，則均爲生卒年月。

有的銅牌前斜放着一束鮮花，似乎最近曾有親友來此憑弔過。有的雖無花枝供奉，但無不整潔如新。知有專家經常細心照料，除草施肥，栽花鐫石。使人絲毫不覺有墳墓荒涼之感，倒頗懷疑是否步入了誰家庭院深深？正在享受那闌干遍倚，暗香浮動的妙境。

這是澳大利亞洲墨爾鉢市「墳墓花園化」理想的實踐，簡單、樸素、整潔、美麗、方便且節約。死者佔地僅數吋，既無與活人爭地之嫌，又可在安寧肅穆的環境中，靜靜長眠。

那繁花似錦的墓園，與潔白高聳的教堂，正比鄰而居。當靈車準時抵達堂前，鮮花環繞，親友肅立。一具雕飾得極其精美的閃亮銅棺，被八位身着制服、儀表端嚴的服務人員，將之移置到一處中央高壇上。牧師略述長逝者之生平，祈禱主、讚美主，然後一聲「阿門！」，但見那具銅棺，似被電動機曳引着，徐徐下降。轉眼間就消逝於人生舞臺之下。舞臺上一切恢復舊觀，事如春夢了無痕，手法乾淨俐落。

據說銅棺降落處卽爲地下室電氣焚化爐，遺體經火化後，骨灰被密封於一只小小鐵匣內，將它暫厝於骨塔中待遷，或在附近墓園內安葬均可。全部費用，當年約合澳幣四百至五百元左右——那時澳幣一元約合美金一點三元，不算太貴，令人頗有「還死得起」之感。

三年前當我在澳洲墨鉢市旅居時，曾親眼目覩兩位東方友人，就如此這般漂亮地走完他們人生最後的旅程，莊嚴而簡潔。除了九泉之下，左鄰右舍泰半非我族類，或許會使異國旅魂稍感寂寞外，其他尙別無遺憾之處。不過，當你想到昔賢的詩句：「人間到處有靑山，埋骨何必桑梓地？」胸襟曠達的人，應該可以釋然於懷了吧？

當然，「樹高千丈，葉落歸根。」人生又何必諱言歸去？如果葉落而眞能歸「根」，那豈不是更可心安理得？

臺灣地狹民稼，寸土寸金。窮鄉僻壤，叢山峻嶺，將來也會計畫開闢爲樓臺公寓，利用厚生。那麽，今日荒煙蔓草，佔地不休的私人墳場，豈不應該力求其簡化、美化、現代化以及合理化？

「他山之石，可以攻錯。」如果墳墓能够像花園一樣，佳城鬱鬱，流芬遺愛，豈不是美？豈不是好？豈不是對地球與人生的改進，更向前跨了一大步？

一九七九年十月

戊輯：臺灣風情畫

——「醉吹橫笛坐榕陰」

求診記

天有不測風雲，人有旦夕禍福，眞是說得一點不錯。有一個風雨天的晚上、本來很高興地換好衣服，預備到電影街去看「空中飛人」的，不想就在出門前的一刹那，竟使自己也表演了一套「空中飛人」。鏡頭十分驚險、緊張，倘使它是銀幕上的情節，我一定會從心坎裏鼓掌叫好。可惜是自己身臨其境，就未免覺得懊喪。事實是這樣，在一向嫉惡如仇，不能容物的眼睛中，突然發現一隻腦滿腸肥的蜘蛛，大模大樣地盤踞在天花板上，一時怒從心起，立卽躡足到桌沿上，然後憑空跳起來去打擊這箇人類和蒼蠅的共同敵人。不想敵人不曾打着，說時遲、那時快，沉重的身體被地心吸力吸了下來，一轉眼間，發現我自己已是躺在地上，右肘骨奇痛欲裂，身後那張稜角畢露的硬木桌，似乎正在向我露齒獰笑。好吧，不但今晚的娛樂計劃全成泡影，而且還有着一種「他生未卜此生休」的感覺。

喊了一部三輪車，在風雨中出門求診。不料風的威力陡然加大，竟鼓得這部老頭破車，寸步難行。好容易耐着性子，被車子一步步拉到一家最近的「骨科診所」，看門面倒很漂亮顯赫，油漆一新，似乎頂合乎最時髦的所謂「現代化」。進去一看，原來是賣草藥的中醫，十年來沒有跌過跤，也摸不清誰是原子設備，誰又是賣膏藥的？難得它這麼晚還開着門方便病人，那些堂哉皇哉的公立大醫院，此時想必已是十叩鐵門九不開了。「既來之，則安之。」抱着這樣的心情走了進去，耳邊廂只聽得爆發出一陣春雷似的吆喝聲，猛吃一驚，倉皇四顧，原來是一羣着短打、繁布絲的年輕漢子們，一窩蜂湧了出來表示歡迎。看他們的模樣，很像是一羣走江湖、耍拳腳的好漢，健康的情況十分要得，這對於折骨病人的心理上，自覺有一種說不出的羡慕和安慰：「有病方知健是仙。」病好後也就會同他們一樣的健壯愉快了。「請坐」之後，接着就是「倒茶」、「掛號」、「付款」，一切手續齊備，那位負責掛號的仁兄開口了。

「醫生不在家，醫生太太可以給您看病。」這句話對於我無異是一勺兜頭的冷水。

「大夫不在家嗎？您何不早說？」

「醫生太太給您看病還不是一樣的。」沒奈何，人生到此，只有邊走邊瞧了。

乖乖地走進那診斷室的門，那位醫生太太、不、應該是「太太醫生」，早已端坐在一把太師椅上，模樣兒倒很神氣，機靈活現地，年紀約莫四十多歲，笑起來露出一口黃澄澄的金牙，她伸手在我右肘上按了一把，「痛嗎？」她問，「很痛」，我答。

「幸好骨頭還沒有斷，只是跌裂了一塊。」

「您何以知道它沒有斷？」

「那還用問嗎？如果斷了，您的手臂就會像直線般往下垂。但憑我的經驗，就如同X光一般準確。」

「那麼現在應該怎麼辦？」

「只要貼上我家的膏藥，包您一箇月可以好轉，一百天後可以完全復原。」

「要這麼長的時間麼？」

「俗語早說過：傷筋動骨一百天。」

「既然如此，那我一百天後，不貼膏藥自己也會好。」我心中暗自忖想。

「那麼，不必照X光就可以如此決斷了吧？」我問。

「最好還是照一次X光，可以證明我說得沒錯。」她答。

「膏藥費多少？」

「五十元一張，最少要貼三張。」

爲了證明她說得沒錯，第二天一清早便趕到一家規模很大的醫院去求診。想不到先我而來的已有許多人。經過「排隊掛號」、「排隊繳費」的儀式，早已擠得渾身大汗，如果是患感冒的病人，想不藥就可以霍然而癒了。我十年來才不小心跌了這一次跤，想不到這年頭不小心而跌跤的人竟有這麼多。候診室裏擠軋着四十多位病人，倒有一大半是照骨科的。當一張輪椅從X光室中送出一位垂死的病人時，卻無礙於其他病人的家屬們在一旁的高聲縱笑。

有一位打扮得像是去赴宴會的太太說道：「前些時在美國，一位主婦因手指灼傷到醫院去求診，當她從手術室中被抬出來時，發現被割掉的卻是她的膽囊。」

「在中國也有這種事發生，」另一位摩登夫人插嘴道：「去年我的大孩子去拔病牙，那位牙醫生費了九牛二虎之力，痛得孩子直叫喚，等到拔出來一看，原來是病牙旁邊的一隻好牙。」

大家都在七嘴八舌地紛紛討論，我在一旁極力忍住笑，忍得幾乎要犯上氣喘病。手中的牌子掛的是二十五號，看樣子得聽她們嚼舌根達兩小時之久，才會輪到我看病。但願我不是那位倒霉的主婦，也不是那箇不幸的孩子，更願從今以後，不再是一位在大醫院門前排長蛇陣的病人。

當護士小姐叫到「二十五號」時，腕錶已指着十一點半鐘，不要說我自己是心急如火，連那位醫師也似乎如沸如焚，一走進那間暗室，滿耳只聽到機器噠噠聲，同嚴厲的叱咤聲：「快！快!!不要動，不要講話，不要呼吸，聽見了沒有？站好了沒有？……」病人們被他催得團團轉，更顯得手足無措。他對這門工作既是如此的不耐煩，不知當初爲什麼偏要選擇它作爲終身職業？我感到懷疑。

「爲什麼要貼上這張膏藥？」醫師的聲調顯得更加不耐煩地問。

「因爲出事時離醫院很遠，時間又是深夜，恐怕不易求診，所以……」我囁嚅着申述理由。他不等我說完，憤憤地將那張膏藥從臂肘間揭下，隨手扔在窗臺上。這件揭膏藥的事，又要費去他些許寶貴的時間，我覺得抱歉。

好容易照完了，呼吸了一口深長的氣。「到外面去等！」他命令着：又是等、等、等！在無盡的等待中，病友們有的歡天喜地離去；有的愁眉苦臉嘆息，現在總算又輪到我了。一位雙手漫不經意地搖幌着一張X光照片的醫師說：「您這張片子不清楚，要重照。」我的天！就憑這輕鬆的「要重照」三個字，就像是頭頂上響了一聲悶雷，炸掉了半個世紀似的。一切都得重頭再來，又是排隊、侯傳、聽人們聊天、聽機器嗟嗟聲、聽醫師呼叱聲，最後，停止呼吸，「卡嗟」一聲，好像皇恩大赦，這次總該照好了吧？說甚麼我這半輩子也不想再照第三次了。

總算技術不錯，這次片子照清楚了。醫生宣佈：「右肘骨裂了一塊，沒有藥可醫，回家去用繃帶吊上一個月，可以慢慢復原，」可喜的是說的話居然和那位「太太醫生」說的一樣。可驚的是憑經驗診斷和用X光診斷，竟然可以「相提並論，同日而語。」

「既然您這裏沒有藥醫，爲什麼將我買的那張膏藥給扔掉了？」我心內對於那張躺在窗臺上發楞的膏藥，還有點戀戀不捨，不知是不捨它那奇古的身世，還是留戀它那嶄新的時値？

當我對那件世代祖傳的葫蘆裏的東西作着遐想時，突然一張雪白的小洋紙塞到我手裏來，把我嚇了一跳，定睛看時，原來是醫院繳費通知單，上面花描地寫着流線型的字體：「

貳百元」，把我更嚇了一跳。疑心是看錯了，揉揉眼睛，再看，還是「貳百元」。

「怎麼這樣貴？」我問：

「照規定收費。」對面是一張陰沉沉的臉，冷冷地回答。

沒有甚麼好解釋的，也沒有甚麼可商量的，孔子曰：「予欲無言，」我今天才瞭解他老人家當時說這句話的心情。

幸好是「無藥可醫，」否則，如果要付藥費更不得了，搜空了荷包，把這一個月的伙食費全繳上去，才能夠走出醫院的大門。街頭日影西斜，行人如織，問人間何世？已是下午三點鐘光景。除了早上六點鐘曾進過一碗薄粥外，到現在還沒有用午飯，不禁飢從中來，只覺得兩眼昏花，雙膝發抖，全身像秋風中的落葉似的簌簌地震顫個不停。摸一摸如洗的錢囊，明白眼前已無法來塡充胃袋的空虛，連返家的三輪車資也沒有了着落。這一下，我覺得我是眞的病了！

口渴、頭昏、胃痛、心慌，……種種病狀齊來侵襲，使我擧步維艱。「英雄只怕病來磨。」我很想再走回頭去，求助於醫院裏的高明，一霎間想到剛才在那兒的種種艱苦，「算了吧！」我茫茫然地踏着踉蹌的步伐回家，「當一箇人生病的時候，最好是得過且過，千萬不要常到醫院去，麻煩那些專門爲人治病的大夫們，」我想。

一九五六年（轉載自「人間世」）

琥珀

琥珀是我家豢養的一頭狗，全身褐黃色的茸毛，連兩只滾圓的小眼也是澄澈透明的黃色。

牠初來之日，尚是一頭剛滿月的乳犬，爲了索母覓食，徹夜哀啼。我恐怕打擾四鄰，只好夜半數次起身，爲牠沖調奶粉。如此一連三天，才稍稍減除了牠的孺慕之思，逐漸適應了新的環境。

琥珀日長夜大，齒牙茁生，足爪漸銳，開始跳踉奔馳，擺腰搖尾。每逢我外出返家，開門時總是牠第一個來歡迎，前足搭在膝上，作人立擁吻狀。我有時受不了它那份過度的熱情，竟不免施以叱打。但牠不論如何遭白眼，始終不減一分熱忱，兀自用鼻頭來嗅嗅你的衣履，用舌尖來舔舔你的足尖。

牠長到三四個月，最爲懵懂淘氣。常常冷不防拉下竹竿上晾曬的手帕絲襪，咬得百孔千創。從牆外甩進來的報紙，脫置在房門外的繡花鞋，一霎眼，就會給牠弄破。雖然在竹杖的教訓下，也可使牠安靜三兩個時辰，但一轉身，仍然故態復萌。朋友說，小狗要長到六個月才開始懂事，目前不妨用條鐵鍊鎖住。這辦法或許有效，但我不忍心。

到了六個月，琥珀果然安靜下來，不但不再破壞傢俱什物，而且很忠實地執行着看守門戶的職務。白天裏，多半在蜷伏打盹，一到夜色沉沉，就開始搖着尾巴巡邏。

過了六個月，到獸醫院去替牠注射防疫針，獸醫下着警告：「八個月大的牝狗要當心，那是牠初次的春情發動期。此後每四個月行一次經，牠出遊與交友都得注意。」

這一來平添了許多心事，整天將大門閉上，就像小心拘謹的家長，時時監視着他年輕的女兒一樣。有隻全身黑色，毛澤光潔，眼圈上有着兩彎杏黃色斑紋的小牡狗，經常在門外徘徊，用前爪爬搔着門縫下的泥土，口中嗚嗚有聲，似乎想引起琥珀的垂青。果然愛戀的感情迅速發展，兩下開始隔門低鳴、輕嗅、搖尾、窺隙、應和起來。但也祇此而已，因爲那兩扇灰色油漆的大門，始終鎖着。

我雖沒有送琥珀上狗學校，可是閒來無事，也常指點一番。牠天性不算魯鈍，居然也聽懂了二十來個口令，學會了許多不同的動作。每逢嘉賓在座，就地表演，倒也能博得個莞爾一笑，或是滿堂喝彩。

提到飲食方面，牠倒不怎樣計較，不需牛肉鷄汁，但有冷水湯飯卽可。有吃剩的肉骨頭，賞賜一兩根，便如獲至寶。

近來琥珀已滿一歲，更學會了一項驚人絕技，就是捉耗子，其守候鼠穴旁的耐心，和捕鼠時動作的敏捷機警，即使面對三數年的老貓，當亦無愧色。水滸傳中描寫老虎拏人時「一撲、一掀、一翦」，牠竟然無師自通，也學會了那一套。牠前後消滅了大小十二隻耗子，使得家中鼠患大爲肅淸。琥珀是一位兼職不兼薪的廉士，爲酬勞獎功，在牠碗中添上一兩塊魚尾，幾隻蝦頭，牠卻總是掉頭不顧而去。

朋友們閒來聊天，話題常常轉到琥珀身上。有人說：「狗是最標準的公務人員。一不計較待遇的菲薄，安於主人的貧陋；二實行分層負責制，專司門戶的出入；三兼職不兼薪，兼管貓兒的偸食，同鼠子的横行；四日夜辦公，有不眠不休的精神；五忠實機警，可付以完全的信任。美國有人在報紙上登一則徵求秘書的啓事，條件中有『做事如狗』一項，豈不可以作爲狗德的旁證。」

有人說：「狗最懂『明哲保身』之道，最善伺人意。虎豹固然勇猛絕倫，猿猴固然狡黠無比，然此輩聰明，均不如狗。老氏說：『將欲強之，必先弱之；將欲取之，必先與之。』狗類最是深明『以柔克剛』的哲理，所以能在生存競爭的戰場上，爭取了永恆的勝利。」

有人說：「君不見：『狡兎死，走狗烹。』古有『屠狗者』，今有『香肉店』，狗的命運，亦很可悲。狗對飮食，不一定怎麼好說話，如不投其所好，一嗅卽罷；若確有營養價値，不惜作厠畔『逐臭之夫』。」

有人常以狗咒人，罵爲「狗彘不若」，則將期期以爲不可。因爲狗性不亞於人性，狗德亦不亞於人德。美國某部長也曾以狗喻人，竟引起軒然大波，最後被迫到電視臺上公開道歉了事。其實何妨學學莊子：「呼我爲牛則牛應之，呼我爲馬則馬應之。」

古之人亦曾有自愧人不如狗的：所謂「寧爲太平犬，勿爲亂離人！」由此看來，狗何所賤於人？人亦何所貴於狗？「從一粒微塵裏可以看世界」，我們也無妨從狗相中去領悟人相，領悟衆生相。

寫至此，小狗琥珀忽然又在窗外汪汪嗚吠了，原來巷內一羣頑童正惡作劇，用彩色蠟筆在我家門牆上東塗西抹，小犬護主，奮起抗呼，孩子們便隔牆叫囂，投擲石塊，只聽得「噹」的一聲，原來是窗子玻璃被打破了一塊。頓時小犬伏地哀嚎，其聲激楚！詩曰：「憂心悄悄，慍于羣小。」琥珀此時的心情，想必也正是如此吧！

一九五六年（轉載自「文學雜誌」）

閒話紅樓夢

某日午後，雲淡風輕。小樓高閣，幸無風雨，然故人亦不來。驀地鈴聲震響，原來是袁學長來電話爲「珞珈」索稿。談罷正題，話頭一轉，偶爾提起「紅樓夢」來。他琅琅然背誦了寶、釵、黛三角間一段既含蓄、又尖刻的對話。結論是：如此生動微妙的觀察及描寫，竟有人不知欣賞，不能領會，不解風流，眞未免使人徒呼負負了。

放下電話後，我不禁頗有一陣子新鮮感。過去與人抵掌縱談紅樓夢有之，但隔着電話線暢談則未也；與女友討論「情聖」之「情意綜」有之，與男生則猶未也；朗吟「大觀園」中之詩詞有之，長篇大論背誦其對白則亦未也。如有，應自此刻始。

提起紅樓夢，有人如數家珍，有人繪影描聲，有人贊嘆歌頌，有人爭辯激烈。我既非「紅學」專家，從未加以歷史考證，亦未按人索影。無論它是作者自傳也罷，是時事影射也罷，是小說創作也罷，……我只爲欣賞紅樓夢而讀紅樓夢。屈指算來，我看紅樓夢僅只三遍——不算少也不算多，與「紅學」專家相較，僅能官封「弼馬溫」，未入流而已。不過閱讀次數雖少，每次卻各有其不同的感受和心得：

記得第一次看紅樓夢，是在寂寞的十五歲——現代人都說「寂寞的十七歲」，未免偏頗，難道十五歲、十六歲就不寂寞嗎？那時一頭鑽入書中，幾乎廢寢忘餐，化身爲每篇章回中的主角：有時爲黛玉的慧心而微笑；有時又因寶釵的蘊藉而竊喜；一剎那間幻化爲紅粉知己的怡紅公子；下一章也許變爲洞達世情的劉姥姥……紅樓夢文字的魔力，可使讀者顚倒痴迷，成爲「化身博士」，於是我也就低首下心，成爲作者身後三百年來的崇仰者之一。

第二次看紅樓夢時，已入哀樂中年。飽經喪亂，早倦流離，擧凡人事的悲歡，世情的冷暖，一一從金粉世家中攝取印證。我再次領會到作者的際遇及才華，如非百刼勞生，實難寫出這樣一部感人心絃、沁人肺腑的佳構。它的文字間也許小有瑕疵，敍述中也許有些前後不符，但小疵不足以掩大醇，那只是因作者全書未成而遽逝，未及完善整理之故。整體說來，它確是才子之筆，描摹人情物態，盡致極姸。中國文壇上有如此一部鉅著，堪與英國莎翁名劇，或是美國漢明威的傑作，異代異地而同垂其不朽。

第三次看紅樓夢，是正値隱居於紐約市之時。昔諺說：「小隱隱於山林，大隱隱於市朝。」隱居在這號稱人口八百萬，爲全世界種族混合洪爐的國際大都市，「紅樓夢」成了一帖清涼劑，使我憬悟到人世間之種種辛酸，萬般無奈，無非是一場春夢而已。「任憑弱水三千，我只取一杓飮。」我不再爲許多紛紜世事而感慨驚心，堪羡孟夫子四十卽已不動心，我卻遲誤多年，大是鈍根。

由於遷播頻繁，不再翻閱紅樓夢，已不知幾度星霜了。且喜迄今尚無疏離感，任你提起書中任何一個人、一件事，我都恍然如晤故人，如臨其境。這也可見作者高才，使人印象深刻，歷久而常新。它確是一部使人百讀不厭，經得起時間考驗的好書。如此婆娑大樹，又何懼於蚍蜉之搖撼？又何慮其生意之將盡？

猶憶在紐約時，曾詢問過幾位時來見訪的留學生：有的對紅樓夢推崇備至，討論時慷慨激昂，精神奕奕；有的則推說在校時功課太忙，從無空暇看閒書。如此兩腳書櫥，也就罷了；有的說只看過第一卷，便不能繼續往下看，因爲首卷所載，多是敍家譜、猜啞謎，使人昏昏欲睡，興趣索然。「如果你繼續往下看，便將欲罷不能了。看紅樓夢有如嚼青橄欖，回味無窮，久而彌甘。絕大多數人的興趣，將自第二卷始。」我如此這般地向他建議。

記得其中有位仁兄，他堅決地認爲紅樓夢不值一顧，不僅繆誤百出，又與時代脫節，早就應該拋到垃圾堆中去。他奇怪爲何有這許多的專家學者，浪費精力時間去研究它？如果依照他的說法，古今中外，凡是反映當時社會百態的各種著名文學遺產，後代人均可認爲「不合時宜」而束之高閣了哪！對於這枚硬是不肯點頭的頑石，予欲無言。

天下事本來見仁見智，我豈能強索解人？我也從而明瞭：「人心不同，各如其面。」天底下眞有不能觀賞花嬌、聆聽鳥語、享受酒醇、領會紅樓夢之妙之美的人，有愛紅癖者，又何必因此而白費口沫、白傷感情呢？「吹縐一池春水，于卿底事？」一旦豁然貫通後，恬然適然，栩栩然逕自效莊周之夢蝶。今後將不復閒話紅樓夢，也不再爲紅樓夢的閒話而有所動心。

一九七七年四月

夜臺何寂寞

仲夏夜，敍賢兄作東，在「陶然亭」請客。該來的人都來了。酒酣餚飽之後，大夥兒又就近漫步到徐公館去「擺龍門陣」。在座的有高公翰老師、高啓圭學長、夏道平學長、袁恒昌學長，還有SC和鄙人、在下、我。

師友間相聚，談天說地，百無禁忌。道平兄忽然提到死亡前一刹那間的感覺，誰有過這樣的經驗嗎？

「我有！」我在心中擧手。我自忖的確有過這樣的經驗，雖然不曾眞箇死去，但那只是因我仍然活轉來。而在失去知覺之前，那種感受距眞死者亦幾希矣！

各位也想聽聽其中奧秘嗎？

躺在紐約市一座白色醫院的手術檯上，熾烈的燈光照眼。醫生們大羣圍攏來，首先一一自我介紹。當一位年輕的痲醉醫師高擧起他手中白色的紗罩，附在我耳邊低聲說：「請跟着我數數目，一、二、三、四、五……」就在這幾秒鐘內，我忽然想起了塵世上所有的親人。如果能再從頭活一次的話，我將善待他們、珍重他們、熱愛他們；我不再驕矜、不再譏嘲、不再冷漠、不再……由於醫生們在手術前尚未找出病因，沒有絕對的把握；痲醉後能醒轉來是命，不能活過來也是命。如果不再醒轉來呢？我將獨自摸索着走向那黑暗之路，好陌生、好寂寞、好悠長的夜臺之路！

人孤獨地被父母生下來，又必須孤獨地默默離去。生命的價值究竟何在？究應以知識來衡量？還當以人格來忖度？或者是以功業成敗、或金錢多寡來判斷呢？我將我一生中的往事，似都濃縮在這幾秒鐘之內。過去所有的喜怒悲歡、貪嗔痴愛、榮辱得失……當面臨着生死存亡、剃刀邊緣的一刹那，究竟有何意義？

莎士比亞曾說：「死是一個不可知的異鄉，所有的旅客，都一去忘返。」

媽媽！您在這世界上偶然生下了我，我究竟是誰？您可知道，我現在又將偶然離您而歸去？歸於異鄉，歸於塵土，永遠、永遠……忽然一陣黑暗，我似墮入了無底的深淵，下墜、下墜，沉沉然、茫茫然，不知其所止。……

雖然目前我仍然活着，但在當時，我感覺上確然有如眞死了一次。大睡如小死，眞死即長眠，究竟是眞是幻？是睡是死？朋友，你懷疑嗎？你探尋嗎？

在每夜入睡前那一陣子迷糊的感覺，就頗有如垂死之前那種神秘微妙之感呢。

一九七七年七月

苦雨

接連幾天的午後陣雨，雷聲如此之威猛，雨點如此之驟密，電閃如此之熾烈，積潦如此之深漩，眞使人仰天變色，俯地興嗟，有行不得也之嘆。

不經一事，不長一智。別以爲科學萬能，人腦萬靈，大自然界果眞發起赫赫神威來，宇宙衆生，仍只得匍匐戰慄於其足下。

我是運氣不高，這一連串的暴雨驚雷，偏偏都給我走在半路上碰到了。

一次是到飛機場去接人，汽車準時抵達，恰巧老天爺也準時拉下長臉來，電掣雷轟，大雨傾盆而下。因爲不願搴裳涉水，只得呆坐在車上，乾等雨停。但見草坪上、車道上、廣場上，一片汪洋，陸地瞬可行舟。奔馳的車輛，忽地變而爲快艇；來往的行人，倏然化身爲雨蛙。只是蛙尙可以相遺於陸地，相忘於江湖，人則不能相遺相忘。時時惦念着如此猙獰的天貌，不知飛機能否按時昇降？果然不久就聽到廣播報告：飛機在高空中盤旋已久，不敢冒險着陸，又恐油料耗竭，已飛返原基地去了。

另一次是去參加一位老友的追悼會，雷雨及時追踪而至。馬路上溝渠橫溢，頓成澤國。

水深及膝，浪花四濺。有些汽車的引擎被積水所淹沒，只得拋錨在路旁。行人們則戰戰惶惶，各有臨淵蹈險之懼。一霎那間鳥飛獸隱，蟬噤蝶藏。眞有如屈原九歌中所形容的：「鳥次兮屋上，水周兮堂下。」「波滔滔兮來迎，魚鄰鄰兮媵予。」那種洪水泛濫的況味。使我也不禁想搔首問天、問市政建設、問下水道工程：「鳥何萃兮蘋中？罾何爲兮木上？」「麋何食兮庭中？蛟何爲兮水裔？」

車窗外的電動雨刷，雖然努力擺動，左右刷括，卻無法掃除那宛似小瀑布一般的雨幕珠簾。司機先生視野模糊，進退皆難，幾乎步步提心，輪輪驚魂，總算平安抵達，又一次身歷目覩了大自然界的瘋狂和震怒。

第三次是獨自外出，赴市場採購。手提着沉重的蔬菜水果，在騎樓下佇望徘徊。傾聽着那排空而至、來勢洶洶、有如千軍萬馬一般的急雨，不知道應何去何從？

霹靂怒雷在頭頂上廻蕩、盤旋，似斧砍、似彈炸、似火燃、似隨時要攘奪人類的生命。面對着這魔鬼式的眞功夫，頓感無力招架。但等雨勢稍殺，便立刻落荒而逃。途經那塊蔓草叢生，正待善價而沽的幾畝廢田時，忽聽得蘆葦叢裏，發出一陣奇特的聲音：

「嘓嘓、嘓嘓、嘓……」

原來是闊別已久的蛙聲，在這紅塵十丈、大都市的濁水汚泥中，寂寞悲鳴。久違了！蛙聲。使我驀然回憶起童年歲月、雨後庭園、那燈火池塘畔的蛙鼓雷鳴。那歌聲是何等熱鬧？何等興奮？何等昂揚？哪似這一角死水中若斷若續的侷促哀音？凝神細聽：風雨遠颺，市聲漸隱，世界靜寂無嘩，但覺蛙聲盈耳。

昔向秀有「思舊」之賦，梁鴻作「五噫」之歌。今我不樂，緬懷故雨。歸舍後亦寫「雷雨過」四闋，藉誌我思、我感。調寄「憶江南」：

（一）

「雷雨過，蛙鼓憶童年。高柳小塘風擫笛，聽人唱徹鏡花緣，新月水中懸。」

（二）

「尋舊夢，夢裏幾歡哀。幾度芙蓉迷上苑，幾番風雨失瑤臺，獨立數蒼苔。」

（三）

「虹彩漫，好鳥競呼晴。岫湧流雲雲外海，波飄燈影影中人，脈脈望歸程。」

（四）

「鶯宛轉，蟬唱鼓和吟。山水有情歌別夜，片帆無月照鄉心，空谷想清音。」

一九七七年七月於臺北市

漣漪

（四）

像一粒石子投入平靜的心湖，激起一陣漣漪。擴散、再擴散、無止境地擴散。

像一陣微風，吹入蒼翠的竹林，低低切切，蕭蕭瑟瑟，萬葉千聲，交頭接耳，訴說過沒休沒歇。

是她，那位新鮮活潑的女郎，在一個出乎意外的清晨，突來輕輕敲響我的門扉。

「是我，伯母，我是您子的同學，最近返自海外，受託特來看您。」

她一個箭步，旋入室中，裙袂飄揚，冒起一蓬藍色的雲朵。

她矖然一笑，打開話匣子，像一隻愉快的雲雀，歌唱在九月的清晨。

好久不曾聽到少年人的歡笑聲了，這個家顯得如此落寞，如此黯淡。突然宇宙似格外亮麗，空氣也特別清新，心境更無比和諧。像一支魔棒觸動了久瘂的琴絃，一霎那間，妙樂繽紛，漫空靈雨。

儘管外在意象是如此歡愉，另一方面，我內心深處却沁出一縷辛酸。不爲別的，只爲她所從來處，帶來了我兒的消息。

「他想念您，時常回憶着快樂美好的童年，起初無人可說，也不願向人提起。最近廝混較熟，已能向我們吐露出一些心聲。他說離家四年以來，時時罣念着母親。」

我豈不也是一樣？經常惦記着那負笈異邦的孩子。萬水千山，牽腸掛肚。佛說：「不可說，不可說。」我又能從何說起？多少年日了？已不復知曉他的飲食作息？也不能照顧他的疾病困苦？

說吧，說吧，陌生而可愛的女郎，請儘情敍說你在海外的所見、所聞、所知。無論是得意或失意，快樂或煩惱，秘密或非秘密，……千萬不要只報喜，不報憂。我當以若谷的虛懷，涵容萬象，滙納百川，只要是有關他任何確實的消息。

可是，年輕人，我仍不得不怨你、嗔你。你來何太遲？去又何速？你只在暑期已逝，飛機卽將展翼凌空之前，才來看我。你不覺得就一位爲人母者而言，尙有多少關懷，多少嘮叨，多少家常，……未曾傾訴？不過，你究竟不負所託，達成使命。你居然鼓勇敲開了我的門扉，帶給我一個額外的驚喜。

臨告別前，你還仔細地重複一遍：

「伯母，請放心，此去，我要遵照你的意願，幫助他練習國語，提醒他早睡早起，勸告他要注意飲食寒暖，還有，要着意地影響他的髮型，常常對他說：短髮勝於長髮……」

我不禁微微一笑，謝謝你，聰明伶俐的姑娘，你眞是善體人意，深獲我心。風雨乍停，金輪頓湧；嚴冬漸逝，春雲初舒。

像一朵蓓蕾，在曉露晨曦中，徐徐展開紅艷。

像一粒小石，投入心湖，漣漪回旋，久久而微波未已。

一九七七年十月

中秋之夕

攪拌着夜色和月光，我啜飲下這杯濃濃的烈酒。
鄉愁啊！鄉愁，依稀聽到你似又在瑟瑟、愀愀。
高張雙臂，划向星辰，划入虛無，
試挽住一線流輝，強詢問：
老母何方？諸兄何處？今夕復何夕？
就像琉璃缸中的熱帶魚，一任你
　左衝右突，也掙不破這看似空明的宇宙。
那翠袖翩飛的嫦娥何在？那揮斧如風的吳剛何存？
尙憶否？那晶潔廣寒宮、那婆娑桂花樹、那金蟾、那玉兎？
瓜棚豆架，楊柳池塘，多少個淸宵談舊？
五千年，僅如一彈指頃，
　不變的神話已變，不朽的仙人亦朽。

這人間，是否只有「變」才不變，「朽」才不朽？
圓月、漸西斜。
鐵馬秋風，河梁曾攜手，
二十九年矣——一萬零五百多個日子啊！
何其悠久！我歌、我舞、我徘徊，
顧影問蒼穹：
夜已深深，
　爲何？我不是歸人，依然過客？
　　爲何？我不是歸人，依然過客？

一九七七年十月

種種有情

如果你能戴上一副有「情」眼鏡，觀察萬象。則婆娑世界，種種有情。好鳥枝頭，皆爲朋友；落花水面，亦是文章。見羅裙而憐芳草，靚芳草而長憶羅裙。以此類推，可知無時無地無人而無情。

××元宵××

元宵節那天，偶然路過市場，看到一羣人圍着一個頭籠絳紗的少婦，手中高揚着一只碩大的竹篩，正站在門前搖「元宵」。雪白的糯米細粉，灑落她一頭一身。一顆顆栗褐色的棗泥餡兒，在竹篩中搖來滾去。轉瞬間像變魔術似的，變出許多枚渾圓可愛的湯糰來。圍觀的人，紛紛解囊爭購。

我站在一旁，不覺看得呆了。因爲我一向只曉得吃，而不知道如何做。尤其去國多年，久已忘卻佳節風光，更難品嚐到道地的元宵滋味。突然，那少婦銜着我啓齒一笑，右頰上漩漾出半個酒渦，低聲說：「您也嚐幾顆吧？很新鮮囉！」

回家之後，當煮透了的湯圓擎入唇邊，看到那粒粒晶瑩，竟是如此溫柔、如此玲瓏、如此完美無缺。猛憶起那乍閃的梨渦和微揚的手勢：「鑪邊人似月，皓腕凝霜雪。未老莫還鄉，還鄉須斷腸！」我忽然想起五代時後蜀韋莊這幾句詞來。我的無形手指，似乎碰撞到千年前他下筆時心坎中微妙的觸鬚了。

一粒湯圓是一個完整的世界，在這個小小世界中，也交流着人類的古今情。

××南窗××

朝南的窗口，斜對着一角青山。晨暉夕照，朝雨暮雲，將那淡淡的峯巒，點染得變化無窮，氣象萬千。

感謝山靈的俯首相窺和脈脈關注，於是，我殷勤地拂拭玻窗，希望透過它，可以享受悠然。

「我見青山多嫵媚，料青山見我應如是。」我們雖然相對無言，但卻深深瞭解：彼此是相看兩不厭的。

突然，一夜之間，那像恐龍似的怪獸——「起重機」蹒跚地爬過來了。那口吐毒信的赤練蛇——「電銲鑽」，也不知何時蜿蜒而出。大地震慄，泥漿噴湧，鋼骨、鐵柱、石牆、鷹架……一樁樁、一件件現代化產物，揚塵蔽日，揷霄遮空。

於是乎，不再覩出岫之雲，不復迎入谷之霧，飛鳥不還，落花如雨，青山逐漸縮小、隱退，乃至完全消逝。

朝南的窗口啊！失去了朝夕晤對的老友，就讓你明鏡蒙塵吧！我不想再時時去拂拭你了。

××郵簡××

伸手到信箱中，意內也是意外地摸索出一封航空郵簡來。那淺藍色的薄薄信函，封面上斜飛着幾行似曾相識的字跡。是他？是她？是平安？還是疾苦？

等不及進屋子裏去找剪刀，就站在原地上用手指匆匆拆開。當看到那被撕成片片鋸齒狀的裂痕時，又不禁暗地自責：破壞了端正的美，未免粗心，何其躁急！

情緒十分緊張地看完信，從頭到尾，一字不遺，然後，再看一遍，又一遍……密密麻麻的字，點點行行的憶。「上言長相思，下言久別離。」或愛或恨，或喜或悲，從古至今，信中消息，就是如此。它跨過山林，飛越海洋，不辭千里萬里，崎嶇迤邐而來。

淺藍色的航空郵簡啊！這人間、寄如此沉重的情，而你、乃如此瘦弱的紙，加上、步如此迢遙的路，不知你如何居然承載得起？

××似酒××

今夜，在時鐘滴嗒、四壁寂寥中，閉上雙眸，傾聽「披頭四」的急管繁絃，哀音似訴。一種說不出的蒼涼之感，茫然襲上心頭。往事前塵，一幕幕如電影般，隨着節拍的急緩和音調的高低，而隱約閃爍。當樂聲劃然止息，腦波卻久久起伏難平。

我一向不喜熱門音樂，對披頭們尤其不知欣賞。但此時此地，偶然扭開收音機，它竟挾着風雨雷霆萬鈞之力，排山倒海而來——一如五年前孩子尚在家時，他最愛將這種搖滾噪音，洋溢滿室。

「個裏愁人腸自斷，由來不是此聲悲。」我明白：我是又牽動了一縷離絲。未免癡愚，誰能遣此？寫「似酒」二詩，聊誌今夕。

（一）

海外常嗟身寄旅，南歸仍憶武昌魚。
急鼓哀絃烈似酒，肝腸沉醉不能扶。

（二）

披髮謳歌掀巨浪，嘯吟激楚撼癡狂。
別浦離情濃似酒，臨歧焉得不徬徨？

一九七八年四月稿

老當益壯

仲夏夜，在螢光幕上看到「特藝精華」節目。一位高齡七十二歲的老先生，在邁阿密海灘，兩座高樓旅館之間，表演夜間走鋼索。離地大約七百呎高，全程爲一極形寬闊的大馬路口。背後襯着漆黑的天空，無星無月，但見閃亮的探照燈自高樓窗際，由下往上射出。白熾的光芒，隨着走索者身形的移動而移動。一支重達三十五磅的平衡竿，緊握在老人手中，兩足前後交替地在索上緩步。

成千上萬的觀衆昂首凝視，都爲他緊揑一把汗，但願這次不要再目覩慘劇才好——不久前一位走索者在全世界電視機前，觀衆的驚呼聲中，不幸跌斃。在小心翼翼、戰戰兢兢之中，好不容易滑行到鋼索全程的中點，忽見他止步不前，夜風中但覺鋼索一陣抖動，莫非又出了紕漏？大家正在猜疑間，說時遲、那時快，只見他突然身形一矮，横放下平衡竿，就在那竿索交叉的十字形頂點上，雙手下撐，兩足上擎，表演了一個驚險絕倫而又漂亮之至的倒豎蜻蜓式。然後聳身躍起，不慌不忙，不疾不徐地繼續前進。燈光仍緊緊追隨，就像一顆帶着長掃帚尾巴的彗星，在蒼穹中獨自掃蕩黑暗。人們屏息以待，驀地邁阿密街頭，爆發出一陣春雷似的掌聲。歡呼聲、口哨聲、狂笑聲……同時並作。

「他成功了！」所有的觀衆都長長地吁了一口氣。他不僅證明了自己是當今世界上最勇敢的人之一；更證明了老當益壯，七十歲仍屬於人生的盛年。

看到這趟走索的特技表演，也使我聯想到美國的摩西婆婆。這位老祖母年逾七十，才開始立志習畫。八十歲那年，記者問她最近畫得如何？她說：「進步不大，還要努力。」九十歲時，她早已名滿天下，給這個灰黯寂寞的世界，憑添了許多幅多彩多姿的傑作。

日本畫聖北齋，以善繪「浮世繪」著名。所畫人生萬相，深刻生動，受到衆人的讚賞。他八十歲時，畫藝已臻顚峯狀態。可是有一天，他忽然雙手搗面，痛哭流涕。他女兒驚問其故？他說：「我很慚愧，八十歲了，還沒有畫出像樣的東西！」他逝世時八十九歲，臨終前還流淚說：「如果我能再活十年、八年，定能够畫出三兩幅好畫。」（見日本畫聖北齋傳）

這些了不起的成功者，都是精勤不懈，寸陰是惜，永不氣餒的志士。「窮且益堅，老當益壯。」這種卓越的精神，豈不値得漸近黃昏的我們，引以爲勉？

一九七八年七月

筆誄

也不知在何時何地？竟然失落了那枝我一向自視最珍的原子舊筆？它雖屬其貌不揚，黑底鋼套，夾在衆多閃閃放光的豪華金筆之間，顯得黯然無色。但是，它卻是我多年來未嘗一日或離的老友。失去它，眞有「一日不見，如三秋兮」之憾。

它雖然名不見經傳，比起第一流的國際大牌來，自慚不足掛齒。可是它的圓珠流走，旋轉自如。筆蕊既可重配，線條也粗細適中。色澤鮮明，筆姿勻淨。用頗爲廉宜的價格，可以享受到極其自在的揮灑。回波一撇百媚生，世界名筆失顏色。逍遙自得，優哉游哉，此之謂也。

可恨它的主人過於粗心大意，竟然失去了它。翻遍故紙堆，找盡亂抽屜，一寸寸作捲地毯式地搜尋，仍然芳踪渺渺，密約沉沉，奈何！

猶憶十餘年前，我尚家居在紐約時，老友餽贈此筆。她說：「時常爬格子的人，應該用書寫流利的筆，才不致阻滯靈感。」

於是，當心中的風雨欲來時，我就開窗拭几，坐候靈感；當靈感惠然賁臨時，我就抽毫展紙，震腕疾書；當逐格爬字，一篇既成時，我擲筆而笑，筆亦睨我莞爾。我握筆，筆亦握我；我愛筆，筆亦愛我。如此這般相處，不知已幾歷星霜了。它曾隨着我十餘度飛越太平洋，漫游過美、澳、亞三大洲，一向平安無事。這次居然平地波瀾，忽地退隱不見。「此情可待成追憶，只是當時已惘然。」思想起來，好不懊傷人也。

昔江淹夢五色筆生花而文思大進。後復夢失去此筆，遂有「江郎才盡」之嘆。今我亦迷糊似夢，遺失妙筆。雖有他筆可代，然液戛戛實難出，絲乙乙其若抽，或亦「娘」才將盡歟？效古歌謠體爲筆誄以招之：

「煢煢白兎，東走西顧。衣不如新，筆不如故！今我不樂，握新思故。故友難逢，故鄉誰賦？故國迢遙，故恩辜負。

憶昔初識，泥澤同涸，傾蓋論交，相沫相噓。寸管逑衷，旋珠傾懐。煮字療飢，塡格共娛。或爲慷慨，氣呑寰宇；或摹淸操，節勵今古；或訴別離，憂愁風雨；或弄玄默，載笑載語。心堅金鈿，汁吐甘苦。靑燈子夜，唯我與汝。

何期高蹈！誰復操觚？寂寞長亭，蒼鬱老樹。惘惘出門，咄咄空書。墨海無邊，回頭是路。倘得珠還，買櫝以貯。但使璧完，彈鋏起舞。

筆兮歸來，愼莫鴻飛。無咎無尤，君其無慮。無憾無悔，誓將永護。何竟冥冥？玆心憂懼！」

一九七八年七月

答客問——從一張名片談起

「你連一張名片都沒有嗎？」

「沒有。」

「何故？」

「因爲我剛回國不久。」

「那不成其爲理由。下飛機後第一件事，就應該想到去印它一兩盒。」

「爲甚麼？」

「入鄉隨俗。你不見這兒幾乎人人都有嗎？隨時隨地都可以派上用場——初相識、登門造訪、拜年、賀節、送禮、約談、開會、介紹友人、交換地址、酒樓飯館、或者是陌路相逢、……都少不了它。而且還得印上幾行頭銜，愈多愈光彩。」

「用不着，我只是家庭主婦，尚無正式工作。」

「那也不成其爲理由。過去的學歷、資歷都可以搬弄上去，或者夫妻檔合作，掛上先生的頭銜也要得。」

「這樣有何好處？」

「好處可多着呢！名片就是爲了名，人誰不愛名？有名就有利，人誰不圖利？名利雙收，是人人所欲的。你可曾注意到報紙上常登載着：『恭賀某某仁兄榮獲某某大學博士學位』，或者『某小姐與某公子在美國某地結婚』，下面署名『小弟某某敬賀』。這也是表示我的朋友是誰、是誰？向世人炫耀一番，豈不亦足以揚名聲、顯父母？」

「我也常看到報上登些訃聞，死者僅只一人，卻有十幾家機構出面治喪。董事、監事、理事、幹事、會長、議長、執行長、董事長……頭銜一大堆，搞得人眼花撩亂，不知道死者究竟是誰？有次還看到一排列名七個『未亡人』，這也算得上很光彩嗎？」

「當然、當然，這是表示死者生前很有辦法、很有面子、很吃得開，非富卽貴！」

「這只是男性至上主義在作祟罷了。旣違背憲法的規定，也不符合時代的潮流和觀念。開着歷史的倒車，有何光彩可言？記得有次某寺廟的和尙圓寂，居然有妻有子爲他登報，訃告通知，還說什麼『族繁不及備載』等等。」

「佛法無邊，非我輩所能究悉。不過，憲法上並未禁止和尙結婚。看來身後之名，連那四大皆空的和尙也是要的。」

「難怪當我初定居時，公寓守大門的人士也遞給我一張名片，銜曰：『某某大厦管理委員會管理員』。」

「那已經是夠謙虛的了。他應該把『員』字改爲『師』字，才顯得更神氣。這年頭，各種職業都喜歡用『師』字，譬如：做裁縫的應稱成衣師；理髮的應稱美容師；算命的應稱命理師；在厨房炒菜的稱大師父；洗碗的稱二師父；此外如木匠師父；泥水匠師父……『師』字下面還要加一『父』字，其尊重可想。『師』字已不再是教學老師的專用品了。」

「眞正作老師的，倒常覺得『人之患在好爲人師』呢！不過，『師』字我總認爲其中含有專門化職業性的意義在。至少他對他的本行十分精到，可以傳道、授業、解惑，才能自居『師』字的地位而無愧。由此類推：在天上飛的稱『飛行師』。那麽，修陰溝的便應稱『地下工程師』；掃馬路的應稱『清潔師』；花兒匠應稱『美化師』；擦皮鞋的應稱『袪塵師』……這樣才能皆大歡喜，才可表達出各種職業上的尊嚴。像我們作家庭主婦的，家務龐雜，總總林林，凡事都必須一手包辦。我想在名片上可以印上一行『打雜師』，或者『雙手萬能師』吧？」

「這頭銜不太中聽，還應想幾個更雅更美的字面。最好正面印上中文，背面譯成英文，才不會顯得土氣。」

「更雅、更帥氣的名銜一時間想不起來，我倒想出一首既欠雅，又不文的村歌來，唱給你聽聽可好？」

「請吧！」

——名片之歌——

「人生豈可無名片？
滿印頭銜更風光。
衆人皆有我獨無，
未免心虛情怯手難揚。
君不見？
那位清潔師正在掃除汚染地球的可厭垃圾，
那位美容師則在再造人類的另一張漂亮臉龐。
袪塵師不停地猛擦皮鞋，使足下閃閃生金。
地下工程師頗似那夏禹治水，胼手胝足，疏溝浚渠，
日夜爲國奔忙。
醫生的榮銜當然是『打狗圖』(Doctor)，
『椅中人』(Chairman) 就是人人敬仰的董事長。
President 並非美國總統的專利品，公司商行的總經理，誰都可以依樣葫蘆，冠冕且堂皇。

……………………………

名片啊！名片，
你物微而意重，
你紙短而文長。
你芳踪過去，
　人們立刻握手言歡，燕燕笑語，週旋應對，禮貌端詳。
你是社交場合的寵兒，
你是人際關係的橋樑。
設想：這世界如果沒有你，
　將是何等的空虛、黯淡、記憶混淆、和舉措徬徨！
誰是第一位發明你的人？
他應該得一個最佳榮譽獎。
寵辱常有代謝，
愛憎互爲消長。
唯有你，永遠活躍在有人類、有文明的地方。
但願你：隨時微笑，
　廣結善緣，

永無遺臭，
到處留香。」

一九七八年七月

地震

一九七八年九月二日晨十時左右，我正捧着一杯熱騰騰的咖啡，小立窗前，一面俯瞰街景，一面享受熱飲。

這是我在國外住了多年後所養成的習慣，別的本領不曾學會，一杯晨間咖啡，可以醒腦，可以提神。猛然間耳邊廂一陣「嘎嘎嘎……」地怪響，自遠而近。頗似層雲間滾滾翻騰的悶雷；或似隧道中隆隆作響的崩石，排闥破空，驚心怵魄而來。此何聲也？似曾相識，然又異常陌生。無論相識或陌生，其間都似蘊藏着不可言傳而又觸手可及的恐怖和惡意。

果然，大約兩三秒鐘光景，嘎嘎巨音，已響至足底，腳下踏的大地已不再堅實，竟像海浪一樣起伏波動。四壁傾斜，弔燈晃蕩，桌上的小擺設紛紛翻落至地。一片乒乒嘩啦聲中，街上人聲鼎沸。隔隣正在建築十四層高樓，鷹架上蜷伏着十幾名工人，齊聲嘶喊，恐怖之態，頗似地球末日的突臨。

我勉強顛躓着步入廚房，首先放下苦液噴濺的咖啡杯，趕緊關閉火光熊熊的瓦斯爐。這時整幢大厦恰像一葉輕舟，在驚濤駭浪的海洋中航行。忽而上昇至白色的波峯，瞬間又下降至黝深的水谷，使人感到頭暈目眩，不知道應何去何從？無奈，只好緊緊倚身在貼着細磁磚的冰涼大柱旁，希望可能發生奇蹟，當天塌下來時，會有一根支柱爲我頂着。

震動持續了約摸一分多鐘，眞有度秒如年之感。也許是人生中最長的一分鐘吧？大地終於恢復了平靜，各種音聲，刹那寂滅。一切有生之倫，從迷惘訝異的狀態中，逐漸甦醒過來。大家惶惶然奔走相詢：「好可怕呀！剛才發生的不知是第幾級地震？」

案頭電話鈴聲，倏然震響，傳來親友們關懷慰問的聲音，使我深深感到人情滋味的溫暖。驚定思驚之餘，想起當年曾看過一部電影「紐西蘭大地震」，和一本小說「地球末日記」，其間描寫海水山立，亂石穿空，田土龜裂，黃沙如血。大地倏開倏合，熱漿汨汨噴湧，千萬無辜生靈，瞬間化爲烏有。大自然界顯示出如此冷酷無情的一面，眞是「天地不仁，以萬物爲芻狗」！

幸而它只是電影，只是小說，只是幻想，只是噩夢。當劇終人散，人們從困境中醒來，且喜一息尚存，各種俗世活動，照舊從頭搬演。

「南無大慈大悲循聲救苦救難觀世音菩薩！」

「主啊！願祢仁慈的雙手，領導我走過死亡的蔭谷。」

當卑微無助的小民，面臨無可避免的生死關頭，唯有將希望寄託於神靈和蒼天，祈禱產生奇蹟，這也許就是人類宗教的起源吧？

「生年不滿百，常懷千歲憂。

晝短苦夜長，何不秉燭遊？」

此古詩人之憬悟也，然作者而今安在哉？地震之後，所見、所聞、所思、所感蓋如斯，兼誌所願於此：一願常能秉燭夜遊；再願知足常樂，莫懷千歲之憂；三願海不揚波，天災人禍永勿爲害下土。

一九七八年十月

蕭艾

「何昔日之芳草兮，今直爲此蕭艾也？豈其有他故兮，莫好脩之害也？」當袁恒昌學長從電話中朗吟着屈原的妙句時，我不禁悚然心驚。多少昔日芳草，已變成今之蕭艾了？我自已呢？豈非也是其中之一？

蘭芷荃蕙，薜荔辛夷，均爲芳草。菖蒲蘆葦，蓬蒿蕭艾，則一向被視爲蕪蔓。陶淵明詩：「晨興理荒穢，戴月荷鋤歸。」詩中所指的「荒穢」，可能就是蕭艾之屬。

不過，古人以自然之眼觀物，蕭艾也有其可愛的一面。詩經王風采葛篇：「彼采葛兮，一日不見，如三月兮！彼采蕭兮，一日不見，如三秋兮！彼采艾兮，一日不見，如三歲兮！」蕭艾既均爲伊人所採，雖是欠香少色的雜草，但在有情人的心目中，也可以入樂入詩，値得人去朝思暮想了。

何況嫩艾葉本可供食用，老艾葉可製成艾絨，鍼灸科大夫常以之灸人體穴道以治病。所謂「有七年之病者，常求三年之艾。」艾之有益於人，可以想見。

蕭卽「香蒿」，（見玉篇）詩小雅鹿鳴篇：「呦呦鹿鳴，食野之蒿。」蕭蒿可供麋鹿食用，自亦有其功能，豈可完全以蕪雜視之？

屈原離騷：「恐鵜鴂之先鳴兮，使夫百草爲之不芳。」一旦百草不芳，則均將與蕭艾同列了。

李白詩：「世路如秋風，相逢盡蕭索。」

曹丕燕歌行：「秋風蕭瑟天氣凉，草木搖落露爲霜。」

宋玉九辯：「悲哉！秋之爲氣也，蕭瑟兮草木搖落而變衰。」

由這些古人名句看來，一旦秋風起，萬木凋，衆卉失芳。唯有蕭艾蓬茅之屬，淒淒瑟瑟，掩掩抑抑，低低切切，仍在秋風中蔓延滋長。使得荒園廢圃，尚能稍有生意。就此點來說：彼蕭艾兮，是否還値得人類的讚賞與同情呢？就怕連蕭艾的些許可愛性都無，只是一些毒草叢生，蓁刺叵橫，使得這人間一片荊棘，寸步難行，那才眞正是植物界的大罪草了。

試爲蕭艾之頌：

「衆卉旣凋兮！蕭艾辛香。
堅木易摧兮！柔株昂揚。
不耕不耘，羨爾能長存。
不灌不漑，欣欣生意永在。
彼采蕭兮！何為避而不見？

彼釆艾兮！曷莫變心之為害？
三秋闊別，惄然憂矣！
旣覯君顏，云誰不喜？」

一九七八年十月

故事新編 (一)

(1) 武松避虎

話說當年行者武松，在景陽岡上打虎，三拳兩腳，就將那隻弔睛白額大蟲，打得口吐白沫，四腳朝天，一命嗚了呼。眞是氣壯山岳，志凌霄漢，何等威風凜凜！今天他偶然心血來潮，步下山來。穿過時間隧道，適見綠燈亮處，便大踏步跨上白紋斑馬線，自以爲非常遵守交通規則。不料斜刺裏飛出一輛「千里馬」，剛好攔住去路。他慌忙收住腳步，猛聽得身後「啵」地一聲，一輛雪亮的「跑天下」橫衝而出，幾乎送他到鬼門關去報到。嚇得他心膽欲裂，不禁暗嘆「市虎」縱橫，人間何世？何以此虎遠猛於彼虎？另方面自感久隱水滸深處，未曾見過大世面，或許欠懂國際大都市的行路權。但向來自知並非色盲，何以下山後連紅綠燈都分辨不清了？

正在發楞之時，身後喇叭長鳴，一輛「太可惜」司機探首玻窗，揚聲國罵：「混蛋，你敢情是不要命了，爲何站在馬路中央發呆？」

武二郎急急奔上人行道，自忖這下可安全了。不料一輛「野狼」機車，正張輪舞爪，迎面而來，閃避不及，被它撞倒在地。究竟是打虎英雄，咬牙忍住疼痛，勉強爬起身來，打算上前理論。但見行人紛紛辟易，這頭囂張的野狼，早已露齒狂嚎，鑽隙蛇行，絕裾揚塵而去。

龍游淺水，虎落平陽，想不到一隻小小野狼，竟敢如此猖獗，欺負到太歲頭上！也許是很久不曾大塊吃肉、大碗喝酒、元氣不足之過。眼見這條大街上招牌競賽，餐館林立，想起景陽岡上「三碗不過岡」的那罎老酒，未免涎垂三尺。還記得當年走進酒店時，大吼一聲，直震得擱架上的杯盤碗盞，嗡嗡嗡……地作響多時。唉！好漢不提當年勇也罷。這年頭，如果你走進豪華餐館內，首先窮吼一聲，別人不把你看成瘋子才怪。

摸摸荷包，身上只揣着吃碗陽春麵的錢。怎敢昂首挺胸，走入裝修得如此金碧煌輝的觀光大飯店？報上不是登過？去年一年中，飲食業賺的錢，至少超過了五億。又說：眞瓶子裏裝的竟有假酒。目下製造僞酒的人如此之多，我又何必凑熱鬧，花錢去買毒害人體的酒精喝？

左思右想，千般無奈，一文錢難倒英雄漢。武二先生只得枵腹忍飢，轉身步入時間電梯，向那文明過份膨脹的世界，揮一揮手，緩緩隱沒入地殼最深處。

(2)倉頡識字

話說倉頡先生的神靈，踏着五色祥雲，飄飄蕩蕩地來到了人間。用他天生的四隻慧眼，向東南西北方一瞄，就看到了一大羣人正圍着貼在壁上的海報觀看。海報上畫着一位漂亮女郎，風情萬種地張開石榴大口作歌唱狀。大字標題是：「某某歌星今日南下作秀。」「作秀是什麼意思？當年我造字時，並無此二字聯用語法。莫非選作秀女？或者考作秀才？哎呀呸！秀才秀女，早已過時，我眞是老朽落伍。既然百思不得其解，何不請教旁立的那位少年郎？」

但見那後生把咀唇向下一披，露出一個鄙夷不屑的冷笑。聳聳肩，似乎在無聲地說：「連這都不懂，眞土！」但他終於得意地炫耀博識，指點迷津：「作秀就是作 Show 呀！」「原來如此！汚染，汚染，嚴重地文字汚染。好好的純中文，竟被外來語侵犯了。」倉頡先生在心中抗議着，忍不住湧出一陣卑微和屈辱之感。好在他的大腦一向不簡單，再往後看下去，就能觸類旁通了。原來「馬殺鷄」就是「按摩」哩！「中古」的意思是「二手貨」。「中古野狼」並非古代的中山狼，乃是出售二手貨的機車。

且欣賞壁報上這一段文字吧：『這個男生好「帥」，常常「蹺」了課去「純吃茶」。他寫的文章「可讀性」很高，在女生間的「知名度」很大。加上他那一身「中國功夫」也很「

棒」，「亂」神氣的。下學期他快要變成「超博士」了，他就是我的朋友錢如水呀！不是我「蓋」的。』其他的新造詞之多，使得老夫子目不暇給，甚麼「午妻」、「三圍」、「性感」、「能見度」、「收視率」、「可行性」、「低姿勢」、「高開發」、「三溫暖」、「全壘打」、「釣凱子」、「結梁子」、「試管嬰兒」、「家庭計劃」、「三振出局」、「新女性運動」、「晴時多雲偶陣雨」……等等。

轉頭看看馬路上的金字招牌，更是洋洋大觀，洋氣十足。譬如：「香格里拉」、「瑪莉安娜」、「阿波羅」、「維納斯」、「仙樂斯」、「黑天鵝」、「藍蝴蝶」、「銀馬車」、「金手指」、「五月花」、「夜巴黎」、「維也納」、「美樂多」、「米高梅」、「邁阿密」、「夢露」、「仙蒂」、「凱莉」、「ＯＫ」……等等，使人乍覩之下，眞不知身處何地？時屬何世？這兒的人們，徘徊在幾個世界的邊緣，領多種風騷，眞鮮！眞不賴！

倉頡老先生直看得眼花腦脹，血壓陡升。再性格、再瀟灑的人，也忍不住哭出嗚啦。何況他老人家素來四肢不很發達，猛可地腳底一滑，絆倒了一籮筐新字，繽繽紛紛地從雲端中直灑下來。

「天雨粟，鬼夜哭，是誰又在多事造字了？新字新詞不斷大批出貨，多如芝蔴，將來恐怕連「電腦」先生都無法認識了！」地上的蓋仙們，又在交頭接耳、吹鬍子瞪眼、口沫噴飛地私議着。

一九七八年十月

故事新編(二)——畫皮（聊齋誌異之一）——

某生，富商子也，美丰儀，喜交遊。其父開設一豪華服飾公司及一整形外科美容院，生意興隆，秒進斗金，賺錢腦筋動得特別比人快，其望子成龍之心，亦超人強烈。生則風流自賞，揮金如土，其花錢亦格外比別人高，嘗自詡爲昔年「拒絕聯考的小子」之一焉。父子殊不同心，噫！亦異矣！

某日，生郊遊賞櫻，紫陌紅塵，人如潮湧。正在目不暇給間，忽見一女郎翠袖臨風，眉目如畫，光彩煥發，轉動照人。生爲之色授神與，魂爲之奪，幾疑爲天仙下凡，急趨前搭訕。女郎微哂曰：「君行道之人也，胡爲乎來哉？」生曰：「以卿俏麗絕俗，使我一見傾心。倘蒙許結爲友，誠屬三生有幸。請上車偕遊，願爲護花使者，何如？」女郎殊落落大方，頷首許之。遂同乘共載，飛車馳遊。竟一夕之歡，已締百年之好。婚姻道上，蓋誠有所謂「特別快車」者是也。

生遂營金屋，起華樓，比翼鶼鶼，願作鴛鴦不羨仙，將終老於溫柔鄉中矣。不料，數日後忽於途中值一相士，瞻顧良久，長揖而進曰：「君眉宇間深現妖氛，倘不速自求解，旬日之內，恐將罹巨禍。公子豈其有奇遇乎？」生大驚失色，吐實以告。相士遂囑其俟破曉鷄啼前，返家窺伺。果見一厲鬼端坐妝臺前，取彩筆畫皮，畫成後以皮蒙面，立變一美婦人，笑靨皆媚。生大怖昏絕，移時始甦。但見該婦人正偎坐身側，笑語之曰：

「子畏我如是其甚乎？世間美女郎，大多爲紅粉骷髏所幻化；而世間濁男子，亦多屬競逐銅臭夜叉之後身。半斤八兩，銖兩悉稱。君何如斯之想不開也？

今後君但諂我以財，我則媚子以色，彼此互惠，兩不吃虧。否則當現身餓鬼相，吸血吮髓，君其無悔。」

生迫不得已，乃諉稱將面父求貲，俾供其需索。立即馳歸省親，泣告前情，驚惶憂懼，長跽乞援。

父聞而大喜曰：「善哉！善哉！世乃有如此佳婦，誠千載難逢之機也。亟爲我詢其畫皮之術，立向政府申請專利權。凡人能發明化醜爲美，反媸爲姸，轉黑爲白，化骷髏而爲美女之妙術，則全世界人皮均將入吾掌握；全人類金錢均將流吾囊中矣。從此人不必再拉皮去皺，不必再墊鼻隆乳，無須動手術裝接假下巴，也不必開刀製造人工雙眼皮。但將「畫皮」一披，即可作電影明星狀或歌星狀。我服飾公司及整形美容院倘得此專利，利市何止千萬倍？且可建設一全球性、連鎖性、及示範性之龐大組織，黃金美鈔將滾滾而來，豈不猗歟盛哉！」

生恍然大悟，父子二人，儘速駕車，飛馳奔寓。但見疏櫺寂寂，綺閣沉沉，鬼去樓空，唯留一紙條，飄懸空際。捉而視之，蠅頭小楷，細書兩行曰：

「人心不同，各如其面。畫皮之術，豈可輕授？取貌失心，誰復相知？兩面之人，鬼亦畏之。況夫萬變，人趣全失。既生機心，請從此辭。奴去矣！」

一九七九年四月

街頭即景

超級市場門前一片廣場，方圓不足二畝，卻眞正做到了地盡其利的用途。平時空地上僅供顧客們停車之用，一旦有事，立刻被打掃得清潔溜溜，四週裝上擴音器，國語、臺語、粤語，交響爭鳴。市民們聞風麕集，在這塊小天地中，圍觀如堵。

我曾經在這兒趕過三場熱鬧，覺得一次比一次精彩：

第一次是元宵節觀賞舞龍燈和舞獅子燈，舞者中除了大部份是精壯的中國男兒外，還攙有高頭大馬的洋水手，和身手靈活，不讓鬚眉的洋妞兒。這種中西合璧、男女競舞的玩龍燈鏡頭，在古中國時代，想必是看不到的。

那條全部用鋁片鑲飾而成的龍身，金光閃閃，鱗甲片片，虹彩輝煌，璀璨無比，也遠勝過昔日僅用杏黃色棉布連串而成的「迷你」土龍。在鑼鼓、鞭炮、吶喊、翻滾、火花及歡笑聲中，廣場像一鍋剛煮沸了的開水，在喧嘩、在沸騰，也攪動了我一池腦水，猛盪漾着對金色童年回憶的漣漪。

第二次是去聽競選者演說。

「各位父老兄弟姐妹們，本人絕對爲民喉舌，爲民服務。如果我當選了，大自能源暴漲，小至鷄鴨灌水，我都可以作爲羣衆的代言人，以去就力爭。」

「我是一條牛，吃的是青草，吐的是奶水，永無休止地爲人民耕田犁地，終生服務……」

「我呢？我像一頭狗，看門、守夜，忠心耿耿，對善人盡力保衛，對惡人則狺狺而吠……」

「我是一隻鷄，一隻公鷄，破曉時唔唔而啼。喚醒大衆，警惕羣生，風雨無阻，守時守信……」

想到動物界有如許美德，怎不令人愧煞？同時，也想起粱寒操先生有一首詠「驢」的詩，末句云：「力竭何妨死道旁！」驢子脾氣，寧願爲人力竭而死，這種不惜犧牲自我的精神，是否更棋高一着？

第三次是青年節晚間，看到數百位與高采烈，花枝招展的媽媽們，在露天中大合唱。她們載歌載舞，趣味盎然；她們手牽着手，踏步和歌：

「高山青、澗水藍，
阿里山的姑娘美如水呀！哎哎哎唷……
阿里山的少年壯如山哪！哎哎哎唷……」

「茶也清耶，

水也清耶，清水燒茶，獻給心上的人。

情人山上你停一停，喝一口新茶，表表我的心。

……………………」

除了這些風格清新的民歌之外，還有慷慨激昂的愛國歌曲：

「中國一定強！中國一定強!!中國一定強!!!」

衆口一詞，高呼出全民心坎中的共同願望，使得聽者歌者，無不動容，無不感到血脈賁張，壯懷激越。尤其那一首「還我河山」，最後餘音，高拋入雲，裊裊不絕。那種盪氣廻腸、激楚蒼涼的韻味，更令人低徊沉吟，久久不能自已。

想不到家庭主婦們，竟有如許豪情，組成許多小隊伍：如「晨光」、「晨曦」、「翠華」、「長春」、「青松」……等等，各自在社團中聘請名師，晨興敎舞。然後組合成一股洪流，在街頭廣場中作出精彩表演。使得許多觀衆，不知不覺地也投身其中，手舞足蹈起來。這是一種嶄新的團隊精神和熱烈的愛國情操，不論年齡，不分性別，自動自發地融滙合流。

直到此刻，夜深人靜，我對那晚街頭即景，握管凝思之際，耳畔似尚廻旋着那首充滿了青春氣息的愉快旋律：

「不唱呀山歌心不爽，嗨嗨唷！

不事水來呀稻不長，　嗨嗨唷！
千萬段山歌也唱不完，　嗨嗨唷！
千萬段山歌也唱不完，　嗨嗨唷！
…………………………」

一九七九年四月

隔街觀火

半夜裏，朦朧中，似聽到警笛長鳴，輪軸戞響。噪音的圈子，愈縮愈小，愈箍愈緊，忽然間「噗哧」一聲，就像過於膨脹的汽球，在枕邊爆破。原來是好夢歹夢和亂夢，一齊被驚成片片。

跳起身來，首先接觸到眼簾中的：窗外一片白霧迷濛。緊接着人聲鼎沸。急忙開窗探視，原來並非夜來濃霧，而是無量數滾滾白煙，從對面商店臨街的門窗間，翻騰湧冒而出。

馬路上橫七豎八地，躺着些救火車、警車、救護車、小轎車、大卡車、機車、計程車、腳踏車……各色車種，擠成一團。細長的橡皮水管，已被一支支伸展開來，但似乎尚未接上水源。對面高樓上的玻窗，突然一扇扇被斷續撐開，燈光閃爍，映現出許多對幢幢人影。

「快！快！快！樓上的人統統都下來。」救火員仰面對空高呼。

不過幾分鐘光景，白煙已變成烏雲，愈捲、愈濃、愈密。順着風向，往西蔓延，像魔鬼的長髮般，在沉沉夜色中呼嘯、飛舞。

「不好、不好，火勢變大了。鐵柵門還撬不開，怎麼辦？」

這兒是八線道的新型大馬路，加上中間線的安全綠島，兩旁寬敞的紅磚人行道和深廣的白磁騎樓，距離實在很遼闊。可是由於黑煙來勢太洶洶，轉瞬間已迷失了對面十四層高樓的存在。世界似乎整個陷沒入猙獰黑暗，杳不可測的深淵裏。

隔街觀火，耳熱心驚。眼巴巴望着玻窗內已隱隱泛出橘紅色的火焰，光影熊熊，火舌似有舔窗而出之勢。人人手心中不禁揑一把汗。正在緊張關頭，終於看到有人用力撬起約摸數英吋高的鐵柵門，將水管硬塞入內。水花濺處，火苗漸低，旁觀者都長長地吁了一口氣。「有這麼多輛救火車團團圍住，想必總可以控制得住火勢吧？」人們作如是想。果然雙手萬能，科技實用。十餘條水龍蜿蜒上下，大展威力。半個多小時後，黑煙漸淡、漸遠、漸隱，星月乍見，宇宙復顯清平。

當救火車及各種看熱鬧的街車紛紛離去後，火終人散，但見幾塊被燒得面目全非的金字招牌，在屋簷下惶然相對；一棵被水柱衝激倒地的老樹，躺在大門前瑟縮哀泣。同時，取火焰而代之的，是一股混濁急流，正嘩嘩然從室內得意地高唱凱歌，奔瀉而出。

一九七九年十月

夏之晨

「莫道君行早，更有早行人。」清晨五點不到就起床，打開南向的玻窗，一方面更換室內新鮮空氣，一方面探頭下瞰街景。在朦朦朧朧的路燈照明下，呀！已有許多黑黝黝的人影，正在人行道上靜悄悄地移動。這些人莫非一夜未睡？是酒徒扶醉而歸？還是賭客剛剛步出方城？或者是夜工作者返家晝寢？

摩娑睏眼，仔細辨看，似乎人人足下都登着一雙白色的跑鞋，在曙色中凌虛上下，顯得特別醒目。從身形體態上來判斷，其中有老有少，有男有女，有乘着手推車的嬰孩，也有緊跟在媽媽裙邊的幼童。他們正都在晨光熹微中鍛鍊身體，呼吸清氣，慢跑或散步。

殘月在天，曉風振衣，昨日白晝馬路上的暑氣全消，大夥兒正在全心全意地迎接一個嶄新的今天。遠處有人拉着大型兩輪板車，緩緩而來，沿途俯身，撿拾垃圾。另有幾位頭戴箬笠，身着唐衫的中年婦女，手持長柄掃帚，順着街東頭打掃過來，轉眼間就將整條街道，掃除得清潔溜溜，像一條鐵灰色飄帶般，蜿蜒着展向西方。

曉色愈益開朗，黑暗逐滿融化、退隱、乃至完全消失。幾輛腳踏軍徐徐匍匐前進，似乎踏得十分吃力。車駛過後，才看到他們後座上搭拉着些新宰的半邊猪，有的兩半肉身重叠，四隻白蹄斜曳至地，隨着車輪滾轉而微微抖動，就像猪兒還活着似的。

看到這種開腔破肚，赤裸裸血淋淋的鏡頭，想到猪仔們昨夜還是活蹦歡哼，到處奔竄的，今晨已被一剖為二，刮毛剔髓了。「人為刀俎，我為魚肉。」這就是「猪生」吧？難怪有些自命為人類中的君子，聞其聲不忍食其肉，而要遠庖厨哪！

抬頭望，天空已由魚肚白逐漸泛出許多淡金色的魚鱗片。魚鱗片愈積愈厚，也愈金愈亮。漫空的霞彩，就像是誰用神奇的雙手，從雲隙間撒下一兜玲瓏花瓣或是一撮熊熊火焰，交織成一面璀璨眩目的巨網，鋪天蓋地而來。

遠處傳來幾陣戛戛啼喚聲，其音調頗哀而怨。待走近看時，原來是一羣攤販，手提着許多籠大鸚鵡和小獮猴，預備在街頭擺攤，招徠顧客。鸚鵡大都鈎喙高冠，五色絢麗；獮猴則活潑伶俐，上下翻騰。這些珍禽靈獸，一旦被人類禁錮籠中，便強迫在塵土間扮演着動物界的丑角。

除了這幾隻不自由的猿鳥，和那些被屠殺的猪隻，稍稍顯得有點煞風景外，黎明的朝氣、爽氣，的確足以一掃城市中的烏煙瘴氣。街上絕大多數的行人，都朝着一個方向走——由西往東。大概是向國父紀念館門前的廣場行進吧？可以想像得出，抵達目的地後，便各行其道。有人作健身操，有人大合唱，有人打太極拳，有人跳土風舞，有人吊嗓子，也有人繞池跑步……這片廣場，是這個社區民衆最喜歡的集會之處。不分年齡性別，通常在破曉之前，就自然而然地形成了一種旺盛士氣和團隊精神，在濁世中發揮出一股龐大無匹的靈性和活力。

「晨興理荒穢，戴月荷鋤歸。」如果，這是古中國農村中人生活的寫照；那麼，「晨興競跑步，載舞載歌歸。」應是現代中國城市中人，夏日清晨的最佳享受與情趣。

一九七九年十月

新春新願

猴年駕到，春滿人間。祝福各位今年也像「齊天大聖」孫悟空一般，頭腦靈活，四肢矯捷，長生不老，變化多端。既飽啖過王母娘娘席前的蟠桃，也猛吞過長春觀裏的人參妙果。神清氣爽，骨秀風仙。善哉！善哉！

且容在下在此模仿「雙城記」中那幾句開場白的千古名調吧：這是一個正常的時代，也是一個荒謬的時代；是一個希望的時代，也是一個失望的時代；是一個多情的時代，也是一個無情的時代；是一個騷動的時代，也是一個孤寂的時代；是一個關懷的時代，也是一個猜忌的時代；是一個嚴肅的時代，也是一個浪漫的時代；是一個創新的時代，也是一個守舊的時代；是一個卓越的時代，也是一個平凡的時代；是一個自由民主的時代，也是一個專制極權的時代；是一個和平幸福的時代，也是一個戰爭悲慘的時代；……

不論他是快樂或辛酸，是光明或黑暗，是榮譽或恥辱，是腐朽或神奇，總之，這是一個禍福相倚，得失兼患，善惡交侵，美醜互見，既協調而又矛盾的時代。

曹孟德之詩曰：「去日苦多」。是以長話必須短說，開場白就此打住，以免有謀殺時間之嫌。應景生情，且說幾句新春新願，圖個利市大吉。

賢者識其大者，不肖如鄙人者，唯有願其小者。小願爲何？——它小雖小，亦敢仿大人先生作演說狀，分成三點來說：

㈠古諺有言：「一年之計在於春」。思想起二千五百多年前，孔老夫子在三千弟子之中，最讚許曾晳的志願。曾晳說：「暮春者，春服既成，冠者五六人，童子六七人，浴乎沂，風乎舞雩，詠而歸。」夫子喟然而嘆曰：「吾與點也！」這段簡鍊而瀟灑的師生對話，豈不文情俱茂，神氣活現？

不過，就我看來，曾晳先生的這番暮春之計，誠屬雅人深致。可是在這種料峭東風的節骨眼上，跳到淡水河中去游泳，未免低處不勝寒吧？而且，時値能源高漲，百貨齊飛。人多車票難買，工貴春服難成。我是寧願花費得較少一些。「夜雨剪春韮，新炊間黃粱。」趁「桃花流水鱖魚肥」，「正是河豚欲上時」，邀約二三友好，到臨溪小館去吃他幾碟醋溜時魚，再加上一盤春韮炒蛋。不亦快哉！

㈡「暮春三月，江南草長，雜花生樹，羣鶯亂飛。」感謝邱遲將軍，曾將江南的暮春，描寫得如此生動活潑。可惜去國離鄉，時逾卅載。江南的秀水明山，渺不可得。唯有在電視上看看連續劇「江南遊」，聽聽黃梅小調「江南好」，聊解饑渴而已。

既然不能故國神遊，我是寧願就地取景。偶而到山深林密處，聽風聲、水聲、葉聲、鳥聲相應和；看泉石搏激，雲月流輝。紅塵不到，萬象澄澈。誦王維詩：「人作殊方話，鶯爲故國聲，賴諳山水趣，稍解別離情。」離情頓歇，心中立獲大解脫。四顧蒼茫，悠然長嘯。歌一曲「大江東去」，舞一回自編自導，聊當現代的狄斯可舞。不亦快哉！

㈢「春風得意馬蹄疾，一日看盡長安花。」這是孟郊登科及第後的風流。「農人告予以春兮，將有事乎西疇。」這是陶潛歸田園居後的躬耕。「莊生曉夢迷蝴蝶，望帝春心托杜鵑。」這是李商隱的神秘心緒。「國破山河在，城春草木深。」這是杜子美的憂時情懷。我呢？我既不再混入春闈，以求金榜題名；又無田園可歸去來，以供春耕；久矣夫未作縹緲迷離的無題春夢；更不願效杜工部的擅恨工愁，神傷萬種。我是寧願引用詩經豳風七月之章：「爲此春酒，以介眉壽。」無論是花雕、是白乾、是陳年紹興還是金門高粱，但願飲後血壓不急升，心臟不疾跳，面不紅，氣不喘，與各位老友置酒高堂，歡歌獻觴，介爾景福，互祝健康。三杯旣通，千愁俱解。不亦快哉！不亦快哉！

一九八〇年二月

小圃賞花

偶然步下高樓，幾番穿過鬧市，行行重行行，躑躅在爛泥徑上，終於給我發現了這一角小圃。它就是如此一塊毫不顯眼，給竹籬笆包圍起來的荒地。夾在一排排森嚴大厦之間，顯得十分寒傖可憐，卻又格外地素樸可喜。籬門外高懸着一塊小木牌，歪歪斜斜地寫着「魔肥」兩個黑字。也許就是這兩個奇特的字吸引了我，不知不覺間擧步踏入，想去揭開這個朦朧的謎。

呀！眼前的萬紫千紅、綠葉葳蕤，使我頓生訝異。竹籬內的耀眼光華，與柵門外的車聲震耳，乃如此之不調和。我明知這兒只是利用尚未興建的都市荒地，暫時作爲花圃、花市。但無論如何，它卻沒有像大百貨公司中那樣緊迫釘人，逼你非掏荷包不可的小姐；也沒有那些光怪陸離、價錢貴得驚人的舶來奢品。它所出售的，只是些肥料、瓦鉢、泥土、盆景、樹苗、花籽……以及溫室中無數風姿綽約的觀葉植物，和嫣然微笑的含苞花朵。

許久不曾看到這麽多品種繁複、色彩富艷的花卉了，視覺霎時爲之一新。只恨我平時對植物學的知識範疇，所知太少，對大部份花卉竟叫不出名字來。譬如：松、我本知其爲松，但當它以屈曲蟠虬的低姿勢，千迴百轉於小小瓦盆之中，就未免使人感到離譜得不可思議。

又如榕，我亦知其爲榕。但看到它那麼多束鬚狀氣根，僅僅攀爬住一塊瘦峭山石，根際玲瓏架空，而頂梢上仍然枝葉紛披，綠意如雲。眞使人感到造物者雙手之奇妙。頗有如童年時代，在武昌街頭，圍觀着一位挑擔老人，將許多五彩麵團，吹捏成諸般玩偶似的神秘有趣。

瞧！這不是來自西方的鬱金香嗎？它高擎着亮麗的彩色花盅，似在勸你滿飲一杯甘芳冷冽的美酒，或是啜吸一盞清涼可口的蜜汁。

杜鵑花的顏色竟敢如此喧嘩，你擠我攘地，似乎羣衆在開一場辯論大會；又似邁阿迷海灘上的選美賽，玉腿如林的女郎們，正在搔首弄姿，爭奇鬪艷。

夾竹桃夾道成蔭，它雖然永遠脈脈無言，但含情凝睇之間，其下自可成蹊。

素心蘭像深山隱士，在幽谷中踽踽獨行，別有會心，可人如玉。

百合花恰似無心出岫的白雲，飄然舒卷。它白得如此溫柔、如此純潔、如此可愛，難怪會成爲世界上千萬新娘子們的掌上珍奇。

弔鐘花在微風中徐徐搖動，似可聽到它清脆的叮噹聲，我想只要你肯用心去聽，定可聽到這宇宙間的無聲之聲。

梔子花香得異常濃郁，每當嚴冬過去，街頭賣花女郎，不是穿梭似地低問：「要買花吧？要買花吧？」搶着將早春的消息，傳達給這個有情世界。

美人蕉名副其實，它迎風流盼，秀慧出羣。當天寒日暮，翠袖蕭瑟之時，輒使人與「虞兮虞兮奈若何！」之感。

芙蓉花朶大葉闊，嫩紅色花瓣上脈絡隱隱，像極了少女們半透明的細膩肌膚。白居易曾以「芙蓉如面柳如眉」，來形容楊玉環的容顏，詩人的慧眼，豈非觀察入微？

玫瑰花永遠是青年們夢裏的情人，它芬芳甜美，令人心醉。而那枝梗間扎手的刺，也象徵着愛情苦澀的另一面。偸嚐禁果的人兒，豈能不小心戒愼呢？民歌中「想卿卿」一曲裏有妙句說：「你給——他小啦卿卿捎上一句話——你就說——三天三夜沒吃沒喝不說不道不言不語面黃肌瘦——但想他——呀——卿——卿。」玫瑰固多刺，想思亦多愁苦。

蝴蝶蘭素有島國花后之譽。它顫巍巍、亮晶晶、氣昂昂，寶相莊嚴，一枝獨秀，有睥睨衆生之態。尤其它的根株，寄植於水木清華之際，不染纖塵。看久了，不禁使人有超凡軼羣，不食人間煙火食之感。

蟹爪菊夭矯作態，金黃色的眩目生輝，灑下一屋子的金色斜陽；乳白色的瑩潔如玉，也散發着白玉般的蘊藉和風流。

瀟瀟的幾叢篁竹，不愧有君子之風。它修長、挺拔、虛心而又勁節蒼然。歲寒三友之中，它是既清雅絕俗，而又最富實用價値的了。

仙人掌來自非洲，在多刺的邊緣或葉頂上，綻放着或紅、或白、或紫、或黃的小小花朶。雖然並非豐容盛鬋、明艷照人的麗人，但卻頗如鄰院小童，赤着雙足，缺着門齒，鼻尖上雲淡風清地灑着幾點淡褐雀斑，躲在竹籬外向你悄悄眨眼一般地狡猾可喜。

天堂鳥似在張口高歌，那勁健有力的紅翼，那飽滿略凸的黃胸，在微風中呼吸起伏，一切栩栩如生。很想用手指去觸摸它，但又不敢欺身近前，唯恐一瞬間它陡然振翅飛去。

向日葵碩大如輪，雄姿英發，它是羣花中最爲放誕曠達，最具熱烈豪情的了。面對着它，有如在讀一闋蘇東坡的「大江東去」。

含羞草霧鬢雲鬟，低首下心。過份的含蓄和敏感，我見猶憐，誰能遣此？

黃色小雛菊是點綴在郊原上的閃爍星羣，愛尋夢的人，又何須到雲端中去攀摘星星？

「原來萬紫千紅開遍，似這般都付與斷井頹垣。」每天不知誰在播種？誰常澆溉？誰作擘植？誰來欣賞？……天空忽然飄下大滴的雨點，四野暗香浮動，翠色欲流。隨身未攜雨具，衣衫漸濕。我必須走了！他日重臨，此處花圃，不知是否依然無恙？但願新起的高樓，不要太快地毫不容情地徹底剷除了它，呑噬了它。此刻，可否容許我們，心心相印地說聲「再見！」？

「夜色漸深，

我倦欲眠；

羣花、是否亦繽紛睡去？
當鷓鴣再啼喚時，
雨止、風停；
旭日會東升，
我會重來，
故人、你是否會依然微笑？」

一九八〇年八月

東遊記

美夢成眞，我終於置身在千山萬壑、懸崖絕壁之間，與東臺灣幽邃峽谷的脈搏，同其呼吸，同其沆瀣。

不到東臺灣，不知寶島之美；不覩神木，不知香杉之壽；不赴梨山，不知果園之富；不經中央山脈橫貫公路，不知人力血汗之艱、之鉅、之動魄驚心。

一九八〇年九月二十七日，適逢三天假期，我和外子參加其公司的旅行隊伍，乘火車由臺北市往花蓮。火車對號入座，票價爲新臺幣二百二十六元。深藍色的絲絨靠椅，可坐可躺。每人座旁還沖了一杯熱騰騰的清茶，堪稱周到舒適。唯一遺憾的是，站票賣得太多。甬道上擠滿了返鄉度假的旅客，進出既不便，空氣又窒悶。且喜沿途經過東太平洋海岸，視野遼闊。白鷗上下，離島清奇，波濤在海面綻開了無數銀色的浪花，逗人遐思，可稍補車箱擁塞之失。

到了花蓮

車行約五小時，抵達花蓮新站，有計程車上前來兜攬生意。坐定後才發現計程錶針並未跳動。詢問司機，他說：「我們花蓮計程車是照規定付資，不像臺北市按錶計程。此地從火車站到統帥大飯店，規費是八十元。」事實上不過五六分鐘光景，就已抵達旅舍。大夥兒集合後談起司機索價不等，同樣路程，有的開口六十元，有的僅需五十元。多付三數十元車資事小，但由此可證：有人違背職業道德，犯了謊語欺生之罪。

統帥大飯店建築得金碧輝煌，美侖美奐，不愧爲花蓮市最新潮也最豪華的觀光大飯店。房價單人每日一千五百元，多住一人則另加一百五十元。這個價碼較之國際水準，還不算太貴；但樓下大廳內專賣櫃臺上，有些特產紀念品，標價則未免離譜。如當地特產碧玉、瑪瑙、紋石、大理石等手工飾品，標價多在千元或數千元以上。而距離旅舍大門口不過數武之遙，許多小攤位上所陳列的類似諸物，標價僅二三百元左右。目睹一位東瀛旅客，以八百元單價在旅舍內購得瑪瑙項鍊數串，出門後在小攤位上，見標價僅百餘元，不禁大呼負負。

觀光事業素有「無煙囪工業」之稱，利用本地風光及天然資源，招徠萬邦，爭取外滙，自屬正途。但君子愛財，必以其道。如果存心欺生，則有失厚道。失去作人的基本原則，予外人以印象不佳及譏評口實，則其所得又豈足以償所失？

除了漫天索價，使陌生客感到不公與不實之外；花蓮市本身倒的確是明山秀水，雅意襲人。我最欣賞的，首推兩旁人行道，全用銀灰、淺紫、月白、淡靑……各色大理石片，鋪成自然的花紋。就像天上的雲流到地面上來了，邊走邊瞧，渾然忘卻了羅馬的盡頭。踏着流水行雲前進，走路變成了人生無比輕快的享受。我從來不知人行道也會拼湊出如許美麗別緻的圖案，和臺北市地面上那些粗鬆易碎、古錢花紋的紅磚相較，眞有天壤雲泥之殊。

人行道居然也有雅俗之分，難怪有人極力提倡栽花種柏，冀能美化市容，淨化空氣；而另方面也有人在一夜之間，砍伐掉多年辛苦培植成蔭的鳳凰花樹，而代之以滿城風蕭蕭和光禿禿。

偶然步入附近的「花岡中學」，適逢慶祝教師節，校門大開，任人參觀。校舍及地面全部用各種大理石鑲嵌而成，有的光可鑑人，有的紋彩續紛。兩旁佈告欄上滿貼着學生們作文比賽的成績，第一名尤其字端墨潤，開頭引用着韓文公「師說」中的名句：「古之學者必有師，師者所以傳道、授業、解惑者也。」一羣十四五歲的小男生、正仰着脖子，張大眼睛，在細細品嚐、欣賞和推敲。有的人還搖頭晃腦，口中輕輕發出咿唔吟哦之聲。從他們那股熱切勁兒和興奮的表情上看，我似乎看到了當年的自己。

自從離開學校以來，我已經迷失自我多年。想不到在這所光潔整齊的花崗中學，偶然間又拾回了自我。「衆裏尋他千百度，驀然回首，那人卻在燈火闌珊處。」在燈火闌珊處的「那人」，不就是我自己嗎？我對我身旁的老伴說：「看呀！那就是我的童年，我童年時期的縮影。」老伴完全領會，無需解說，他點頭微笑，表示瞭然。

從太魯閣到天祥

依照旅行社安排，翌日清晨，應改乘團體觀光巴士，離花蓮赴梨山。沿途經過太魯閣、長春祠、溪畔、燕子口、九曲洞、慈母橋、天祥、文山、西寶、洛韶、慈恩、碧綠、關原、大禹嶺等地。這一帶是此次旅遊的焦點，尤其從太魯閣到天祥之間，約莫二十公里區域，多爲大理石峽谷。巉崖晶瑩，曲洞幽深，飛瀑瀉玉濺珠，清溪轉折潺湲。大自然山水盡力合奏着一曲清歌，萬籟有聲，萬象有情，人行其間，恍如在中國古畫「大斧劈」「小斧劈」的皴法中、捫崖摸壁漫遊；人人變成了畫中人，誰都跳不出這幅長手卷、大畫框。雖非細雨騎驢，也像詩人；雖非江上乘舟，也欲褰裳涉水，採彼芙蓉。

這條串通中央山脈的東西橫貫公路，全長約一百九十四點二公里，創建於民國四十五年七月七日，完成於民國四十九年四月。我們從花蓮平原上坡，將越過海拔二千多公尺的中央山脈，然後下山，到臺中平原。空中直線不到一百公里，但盤桓而上而下，幾達二百公里。其路況之回旋陡峭可想。沿途似在放映着一部「世界奇觀」的彩色幻燈片，景色之壯麗多變，幾使人目不暇給。「石蘊玉而山輝，水懷珠而川媚。」此地既如此山輝水媚，可以想像它必然是蘊玉且藏珠。難怪大理石礦藏質精量富，蔚成花蓮市一大工業。聽說最近爲配合十年經建計劃，加速開發東部地區，政府初步決定將投資新臺幣四百餘億元，大規模開發大理石礦源，並設置年產一千萬噸的水泥工業區。據目前粗略估計，此間大理石礦蘊藏量約達三千億噸，品質優良，適合作水泥原料之用。

除此之外，山中尙盛產翠玉、瑪瑙，聞立霧溪一帶更蘊積砂金。據報載七十八歲老礦師日人小笠原將來此合作開採，估計約有二百四十四公頃的砂金區域，每天冀採礦砂三百立方公尺，再予清理過濾。果能爲國增金，厥功至偉。我們賞心遊目之餘，也玄想着能傾耳諦聽到山林的召喚聲、和閃閃金脈的搏動聲。

導遊者之聲

當觀光巴士、順着曲曲折折的山徑，左彎右拐地剛剛閃避過一輛機車；猛聽得一聲驚呼，原來是剎車過急，幾乎撞上迎面而來的十輪大卡，引起了後座一陣騷動。公路依山傍谷，一側全爲人工深溝，另一側則爲千尺懸崖，不能見底。人如果一整天都這樣提心弔膽，凝視着車轍輪跡，那不是遊山玩水，而是自討苦吃。徒然增高了幾許血壓而已，又何必多此一行？於是我閉目養神，想學莊周先生之栩栩然化爲蝴蝶。無奈情緒仍難鬆弛，「蝴蝶夢」既杳不可得，只聽得那位導遊小子，不斷在擴音器中播弄着名山勝跡：

「各位、穿過九曲洞時，必須下車步行。隔着深溪對岸是燕子口，峽壁上有許多凹洞，頗似飛鳥的巢穴。」在玲瓏折叠的洞穴中迤邐而行，從預留的崖縫間外窺，可以看到峭壁插天，谷口一線，對岸燕穴，似乎近得伸手可觸。據說近年來因鑿山炸道，早已將燕子驚飛。但在陡壁之上，似有人行的羊腸鳥道可通。這兒本是泰雅族山胞的故居，他們在此天然屏障之間，聽說可以上下奔走，履險如夷。「桃花流水杳然去，別有天地非人間。」很是羨慕山胞們，能獨享此種神仙境界。

「這座潔白壯觀的慈母橋，是紀念當年一位慈母，每日風雨無阻，攀山涉水，送飯盒到此，給她正在作工的愛子加餐。」

「現在到了碧綠，有一株香杉神木，壽逾二千二百年。各位如有興致，可下車攝影。附近有一小攤販，以新鮮金針菜燉排骨湯聞名。味美湯鮮，可作禦寒點心。」山風獵獵，吹得人寒生肌骨，正好各自買三十元一碗的熱騰騰鮮湯，縮頸聳肩而食。四週全是黑森森的松林，頗似步入水滸傳中「吳用智取生辰綱」的那節回目，但願湯喝完後，不要也聽到有人在旁拍手高叫：「倒也！倒也！」

「現在是大禹嶺，海拔約二千多公尺，此處是公路的最高點。正對面一座高峯是合歡山，除了玉山、大雪山之外，它是本省第三高山。如想登臨它的絕頂，希望下次有機會能再爲各位服務導遊。」

雲在飛、霧在湧，合歡山的風貌，瞬息萬變。它脈脈凝視着我，無言。但何須喋喋多言？青山與我之間，自有默契。

梨山之梨

梨山較大禹嶺略低，名副其實，垂實纍纍，彌望皆梨。四野瀰漫着一種淡淡的清香，每株樹均用竹架環繞撐扶，有些嫩梨還用素紙逐一包裹保護。坡度十分陡峭，跋涉極其不易。果農們種梨乃如此之辛勞，實是我們這些在城市中經常享受「廿世紀梨」的人，所想像不到的。

山中尚普植蘋果樹，果不太大而脆爽適口；聞水蜜桃尤其甘美多汁，惜旺季甫過，未能一飽口福。當夜投宿「好望角」旅舍，侷促街隅，未能盡山林之美。近鄰的「梨山賓館」則壯觀得多，然聞早已客滿，徒嘆緣慳而已。

本省近年來多水旱之災，據專家研究：歸咎於原始森林被濫伐過甚，山區改種果樹過多，破壞了大自然的生態平衡，水土大量流失，水庫也因而受到泥沙淤塞的影響。是以汰陳更新，鋤劣植良，變更林相，易果樹為喬木，廣種優良建材如檜柏等的呼聲，已甚囂塵上。看來梨山之梨，前途尚在未定之天。

世外桃源的武陵農場

第三日清晨，從梨山開車到武陵農場，大多是下坡，雖距離不遠，然路面更窄，峽谷愈陡，每迎面來車，卽有狹路驚魂之險。

行行重行行，且喜駕駛先生顯得很「性格」，冷靜又沉着，終於平安抵達了武陵源。此地在羣峯之間，豁然開朗，山勢平坦，可耕的面積也較多。剛從枝頭摘下的蘋果又大又甜，嚼得人滿口生津。高麗菜更肥碩無倫，遍田野間皆是。魚香菜脆，大夥兒在此共進午餚，享受了一頓滋味新鮮的田園樂、山林趣。

眺望桃山

農場對岸是海拔約三千多公尺的桃山，雲蒸霞蔚，氣勢懾人。同伴中有人循徑直上，在某些點線處，有如懸身在虛無縹緲的空際，自下遠眺，疑似神仙。（事後他們見告：當時舉步維艱，並無仙趣。）

我們自忖足力不繼，中途卽止。在溪畔聽水、讀山、摘花、攝影……但求自適其樂，也不羨慕他人。此處卽可稍息，卽是神仙，卽可萬象圓融，靈明觀照。

量力而爲，知足常樂，這是我的生活常態。在這生存競爭、如此激烈的現代，自是不合時宜。但合時也罷、不合時也罷，我自爲我。佛曰：「善哉！善哉！了是了，不了也是了。」我不是你，也不是他，我又何必強自效顰，反而失其故步？

就在那座溪聲湍急的弔橋上，邂逅到一羣頭戴箬笠、背揹行囊、足登膠靴、手持籐杖的登山客。有人卸下肩頭相機，請我們爲其團體拍照。「咔嚓」一聲，希望能留住一刹那間的永恆。其中一位很秀氣斯文的女孩對我說：「你襟上這朵野花好漂亮，是在哪兒採的？」我指一下不遠處的僻靜山坳，就是那塊不起眼的草地，爲我們孕育出無數不知名的可愛花朵。年輕人，好好地去及時採擷新穎和相思吧！

另一位壯碩女郎，向我猛揮雙手，高嚷：「我們剛從桃山頂峯下來，露營三天。瞧！我們可多棒！多了不起！……」

對着不遜和自詡，我微微一哂。暗忖：何用攀高？不須露營，漫步在這藍澗白石的溪床裏，聽泉流淙淙，尋夢。偶然抬頭，見半輪紅日銜山，從主稜線上拋灑下萬縷金絲，襯映出一匹銀練自峯頂蜿蜒奔騰而下，翩若游龍。氣氛和角度都美到不可言說。我本置身山外，竟然看到山的眞面目。也很想仰天大笑三聲：「哈哈哈！」聽空山回響，流轉至於無垠，豈不也是超塵絕俗？

轉念間不禁啞然自責，何以仍童心未已，與物較量？眞正心君泰然，隨遇而安的人，既不必避囂空谷，也無惑於衆說紛紜。無論面對着何時、何地、何人，此心均可悠然自遠，湛然寧靜。

德基水壩一瞥

車行萬山之中，顚簸曲折，似無了時。忽然間峯回路轉，眼前湧現出一片平疇碧野，屋舍儼然，令人精神爲之一振，原來是到了佳陽平原。據說住在此一地區的山胞，家家富有。蓋尺土寸地，莫非良田，得天獨厚，得地獨平之故。

繼續前進，羣峯環抱，一水中分，遙望鐵塔高聳，樓宇歷歷，所有的建築物，一律白色，風格清新，氣派不凡，似有身入纖塵不染的廣寒宮之感。導遊者又拿起麥克風說：「現在到了達見水壩，『達見』二字，已由先總統蔣公更名爲『德基』，在此並建有德基發電廠。順流而下，是青山發電廠，二者工程均極艱鉅。巴士在此將停留十分鐘，各位可下車參觀。」

在白石橋畔小立一瞥，但見衆流奔滙，蔚成大觀，濤聲澎湃，如潮、如雷；水壩工程，莊嚴且雄偉，臨瀑激賞，深喜人力可以勝天。至此溪面愈寬，山容愈幻，雲煙出岫，繚遶分合，頗如身在一處「迷你」長江三峽；也彷彿面對着一幅北宋范寬的谿山行旅圖，意境高絕而筆力萬鈞。心知此水壩及電廠，即陳宗文學長曾在此耗費九年光陰，埋頭建設的成果。如今利溥民生，功在國家，令人肅然欽慕不已。下次見到宗文兄，一定要好好恭喜他一番。

豐原盛宴

從達見經青山、抵谷關，谷關素以溫泉着稱，闢有遊樂區域。魚蝦鮮美，市容繁盛，至此山勢已漸平，坡度亦漸緩，「眼前紅日又西斜，疾似下坡車。」世上有何物能挽回西斜之日和下坡之車呢？三日遊程，轉眼已逝，逶迤至於豐原。

豐原顧名思義，自是豐富的平原。聞此間盛產稻米，品質特優；其他亞熱帶農產品及橡膠鞋類等輕工業，亦佔外銷出口之大宗。公司同仁林君益川，本爲豐原世家，其母太夫人已在大餐館中擺下兩席盛宴，招待我們這批饕餮之徒。大夥兒從青山翠谷、晚風淡月之間，驀然又謫落了紅塵。

一九八〇年秋十月

妙喻

一九八一年元月十七日，欣逢高公翰先生雙慶八旬，在臺北市福星川菜館筵開四席，四十多位校友，在舒揚鉄理事長領導下，濟濟一堂，興高采烈地向高師和師母稱觴獻壽。祝曰：「恭喜二位老壽星，萬事如意，康泰平安，福如東海，壽比南山！」

金紅色霓虹燈流串成一個大「壽」字，高懸壁上，閃閃生輝。筆者有幸恭陪末座，酒過三巡，人覺微醺。但見高師童顏鶴髮，風采翩翩，開始講述了下列兩則妙喻：

一則曰：「我（高師自稱）和梁實秋、聞一多兩先生都是清華學校前後期同學；畢業後赴美進修，又同入科羅拉多大學研究；返國後，同擔任過文學院院長。三同之緣，可謂不淺。但同中亦有異焉。目前臺北熱門電視、有所謂「神仙、老虎、狗」者，當年聞一多先生在友儕中最有才氣，曾任國立武漢大學第一屆文學院院長。一年後離校他往，不幸以盛壯之年在昆明逝世，他已經化作了「神仙」。梁實秋先生曾任國立臺灣師範大學文學院院長，今年本月、也歡度八秩大慶。他著述等身，文章信美，早已名滿天下，不愧爲一隻「老虎」。而我呢？在三人行中，表現最差，只好自我介紹爲一隻「狗」。不過此狗非土非洋，乃一隻

『天狗』是也。」

闔座聽了，都忍俊不禁。高師一向出語幽默，風趣盎然，以狗自況，語妙天下。

吳耀玉學長說：「老師，天狗可以蝕月，連嫦娥都懼怕它三分，實在未可輕視。」

我說：「齊天大聖孫悟空，天不怕，地不怕，只怕天狗星。一旦被它緊咬住腿，便只有伏地求饒了，可見那隻狗兒有多麼厲害！」

老師莞爾而笑，接着又說另一則妙喻：

「各位想必都讀過莊子，我且引其中一段話以自解：南華經秋水篇：『莊子釣於濮水，楚王使大夫二人往先焉。曰：願以境內累矣！莊子持竿不顧，曰：吾聞楚有神龜，死已三千歲矣，王巾笥而藏之廟堂之上。此龜者，寧其死爲留骨而貴乎？寧其生而曳尾於塗中乎？二大夫曰：寧生而曳尾塗中。莊子曰：往矣，吾將曳尾於塗中。」

按莊周先生本是一位曠代的哲人，他主張天地與我並生，而萬物與我爲一。他認爲道無所不在。知北遊篇：「東郭子問於莊子曰：所謂道，烏乎在？莊子曰：無所不在。東郭子曰：期而後可。莊子曰：在螻蟻。曰：何其下邪？曰：在稊稗。曰：何其愈下邪？曰：在瓦甓。曰：何其愈甚邪？曰：在屎溺。」

也就是說：道的本體，乃遍佈宇宙之中，對任何物體，都一視同仁，物我之間，並無任何差異。是以「鼠肝、蟲臂，鷄、彈、輪、馬，」自莊子觀之，皆渾然一體，各適其道。

高師是本世紀哲學名家，鎔中冶西，博學多才。他以天狗、神龜自喻，實乃悟道徹理之至言。室虛則光入，心靈則福至。所謂「虛室生白，吉祥止止。」高師常虛己以遊世，靈心以應物，難怪他能樂逍遙、養生生、致吉祥、享大年哪！

還是方毓英學長當場妙悟得快，她說：「龜壽千年，以其善於養生也。老師與世無爭，與物無忤，高瞻遠矚，既明且哲。此番龜犬之喻，乃是自述其養生之道。我們受益良多，謹在此共祝師尊海屋添籌，康寧壽考！」

佛經上說：「玄恉妙諦，不落言詮。一落言詮，便已失眞。」所憾我在校時未曾親炙教益，習道不精。匆匆落下言詮，想必竟失眞諦。但冀南極雙星，覩此語錄，勿以見責，而有以見諒、見教，呵呵一笑，添福添壽。

一九八一年元月

植物園聽書記

冬天的植物園，籠罩着一片蕭瑟和陰森。荷盡、菊殘、羣芳漸歇，唯有寒波凝碧。湖面飄浮着些細細點點的浮萍，稍稍透露出一抹天地間的生意。

沿湖一排木靠椅、榕樹下坐着一對青春情侶，擁肩攜手，喁喁切切。另一位稚氣未脫的少年郎，斜揹着一只褐黃色帆布大書包，手握書卷，正在碎石小徑上徘徊踱步，閉目朗吟。傾耳靜聽，好美，原來是文天祥的正氣歌：

「是氣所磅礴，凜烈萬古存，當其貫日月，生死安足論！……」

「牛驥同一皁，鷄棲鳳凰食。……」

「嗟哉沮洳場，爲我安樂國。豈有他繆巧？陰陽不能賊。顧此耿耿在，仰視浮雲白。……」

我抬頭看天，天蒼蒼無語。哲人已遠，暮色欲合。但宇宙間似仍有一種浩然之氣，在充塞、在流轉、在化遷萬有。

「乾稱父，坤稱母，余玆藐焉，乃混然中處……」

這不是張載的西銘嗎？如此皇皇鉅著，原是應該人人置之座右的。

「凡天下之疲癃殘疾，煢獨鰥寡，皆吾兄弟之顛連而無告者也。」

恰巧迎面來了一位手撐雙拐的跛者，杖聲橐橐，由遠而近。想當年我住在紐約時，也曾經腿部受過傷，嚐過不良於行的顛躓滋味。凝視着面前這位曳踵局趾的鏡中人影，我想橫渠先生確是可人，在千載前就已在大聲疾呼，振聾啓聵了。但願眞知灼見者的壯濶情懷，能够藉不朽的翩翩文采，融滙入新生代的血液之中，激蕩起繼往開來，爲天地立心，爲生民立命的熱烈豪情。

目送着躄者的背影，漸瘸漸遠。天色愈趨陰暗，我似乎聽到黃昏已加強加快了它的跫音。這位小男生已經背到那裏來？再度凝神傾聽，原來他正在朗誦諸葛亮的出師表：

「今天下三分，而益州疲敝，此誠危急存亡之秋也！……」

想當年臥龍先生六出祁山，七擒孟獲，食少而事繁。引得司馬懿說：「豈能久乎？」果然他以五十四歲的強仕之年，竟在五丈原軍中嘔血而亡。是否就是這「危急存亡」四字的憂患感、緊迫感害苦了他？

用功勤讀的好小子！但願你不祇是爲了考試而背書，乃是爲了自己的興趣而鑽研。從精讀熟讀之中，領悟出先哲昔賢心路歷程的秘密，從而融會貫通，獲致以古爲鑒的最佳績效。那麼，你的方寸靈台，便可皎然如鏡地因應萬事萬物了。

一九八一年元月

源頭活水

在歷史文化博物館，緊逐着洶湧的人潮，參觀「畢加索陶磁藝術展」。價値十三億日元、一百多件作品，似在玻璃橱窗內向我粲然露齒而笑。瞧！那位古怪的小精靈不正在碩大的陶盤上展翅斜飛嗎？它薄薄的雙翼似乎在空氣中嗡嗡有聲，勢欲破窗而出，向我迎面撲來。那只南瓜臉、茄子鼻、蕉耳柿口的老巫婆碗，則悄悄躲在壁角裏、一閃一閃地眨着她的杏子眼。瓶身蛇頸的裸女昻首擧臂呼天，瓶口中不曾揷花，卻似在吐着裊裊熱氣。一位英姿颯爽的鬪牛士，兩手斜張紅布，在西班牙式圓形礫場中與蠻牛苦鬪；劍尖揷處，牛背上血跡斑斑。這一切都栩栩如生，萬物都在陶土揑塑和彩色塗抹中而活了起來。

幾幅與眞人等大的畢加索照片，高懸牆上，烱烱目光似乎燭照萬類。還有幾幀與張大千先生的合影，各自戴着假面具或高鼻子。兩位藝術大師似已返老還童，從滑稽誇張的擧止間、流溢出一種遊戲人生的幽默感。

猶憶往年住紐約時，曾經多次參觀過畢加索畫展。朋友們問我感想如何？我老實回答：就理智上說，我看不懂他的許多作品用意何在；然而就感情上說，我非常喜歡他那份新奇無比、變化多端的創意感。他的畫風，幾乎每幅不同，每幅都在自我突破、自我超越、自我求變。他似乎永遠用一顆新鮮活潑的童心，來觀察萬物。儘管他已年近九旬，然而無論何時何地，他的作品總是興味盎然，充滿了妙悟與生機，不拘一格，不受任何罣礙或污染。

朱熹詩：「半畝方塘一鑑開，天光雲影共徘徊。問渠那得清如許？爲有源頭活水來。」想必就是這顆生生不息的童心，化而爲汨汨不斷的源頭活水；因而使得大師的藝術才華，在畫布之上、塑土之間，獨往獨來，與天地精神相融合，同其變幻，且同其不朽吧？

一九八一年四月

小鎮風光

「鶯歌」、這個老屋、舊街、小鎮，卻有着如此美麗可愛的命名。事實上僅從表面看，這個小鎮雖似塵封灰鎖，到處充滿了岩石和泥土；但如果你能停驂駐蹕，略事徘徊，便可能發現到其中充滿了新奇創意和無限潛力。

這是一處屬於臺北縣的陶瓷工業重地，據說全鎮有五百多家陶瓷工廠，產品除了供應全島民生日用外，還行銷世界各國，每年收入外匯甚鉅。

一般造屋紅磚和圖案磁片，均在此大量生產，構成了全臺無數爭高鬬勝、新型大厦的崇宏建築。精細的陶磁藝品更是倚疊如山，俯拾卽是。橱窗內外擺滿了瓶、燈、碗盞、煙具、動物、玩偶、仙人、佛像、仿古、仿西洋、以及創新立異之物。其情形頗如當年江西省景德鎮的市街景觀。

走進工廠中參觀，你可以看到人們正在忙着打坯、繪畫、上釉、烘培……一雙不怕泥汚的萬能雙手，製造出無數令人愛不忍釋的絕妙精品。

有些工廠分工合作，表現得如此之精專：譬如一個小小的泥娃娃，有人專門點眼，有人從事畫眉，有人描唇，有人染頰……頃刻之間，手手相傳，一大羣小小泥人兒的可愛笑靨，即已栩栩如生。

年輕的工人們、多在身畔開放着收音機，空氣中洋溢着陣陣輕快的音樂旋律，似可增加人們工作時和諧與愉悅的情調。老師父們動作之熟練、手法之靈巧、成品之豐盛，更使人嘆爲觀止。

聽說他們的小孩子在學校中，也須特別接受塑土造形教育和繪磁藝術，冀求未來的新生代，有更突破的創意表現。因爲此鎮百分之九十的居民，都從事陶磁工業，是以當地學校也加意着重此點，從而孕育着陶磁文化的原始風貌和嶄新契機。將古"China"的文明與現代化的新科技相結合，希能運用發揮，達於極致。

人生於土，還歸於土。上帝從泥土中製造出人，人又從泥土中製造萬物。泥土與人生、人生與泥土，世世代代象徵着人類文明前進的里程碑，人類生命與生活延續不斷的軌跡，二者應是不可一日須臾離的吧？

一九八一年十一月

颱風之夜

風從何處來？風從海上來。當「安廸」颱風挾着雷霆萬鈞之勢，從太平洋上直撲寶島臺灣，頃刻間天地震撼，萬物戰慄。千萬根雨絲就像魔鬼揮動剛勁的皮鞭，劈面抽打着俯伏的大地；呼嘯的風聲就像狂舞的精靈，在曠野中掙扎、咀咒和吶喊。老樹倒拔，招牌翻飛，瓦片和砂礫像流星般橫空而過。

從高樓玻窗間俯瞰市容，竟沒來由地想起宋詞人周邦彥的名句：「夜來風雨，葬楚宮傾國！」這朶傾國名花，快要被風雨沉埋了。同舟一命，誰來救她？誰來救你？誰來救我？風啊！我想你定是醉了，或許是瘋了。如果不醉也不瘋，本來是溫柔和善的拂面薰風，何以倏忽之間，變得如此癲狂？如此潑野？

入夜，電燈全熄，風聲更烈，雨勢愈急。在四週伸手不見五指的黑暗中，房間內聽到一片滴滴嗒嗒聲。原來煙囪漏雨，窗櫺滲水，餐廳正中一根大樑上，也在不斷地水珠凝聚，淚灑地板。想不到這樣外表頗爲堅固的鋼筋水泥大厦，竟然禁不起一宵風雨。

回憶像剝繭抽絲般想起青春鼎盛之年，在重慶南岸爲躲避空襲時所住的那間小茅屋，大雨大漏，小雨小漏，曾經有過在室內撑傘圍坐，傾聽雷聲轟隆，破空劈頂的恐怖紀錄。當時很是躭心山洪暴發，會把小屋連基沖走。好不容易挨到天亮，居然雨止風停，出視附近山澗畔，一棵百年老樹，根斷枝折，橫仆谷際，澗水湍急嗚咽，流澌而過。鄉人奔走相告：昨夜「龍起蛟」，樹根下一個深邃巨洞，即是蛟穴。此說不管是有稽或無稽，而我的那所小屋，總算百刼尚存，危而幸安。難怪詩聖杜甫早就發出「安得廣厦千萬間，大庇天下寒士盡歡顏。」的呼籲。我們現在所住的這幢大樓，居戶近百，不可謂非「廣厦」；然而外強中溼，經不起些許天災考驗，居安思危，能不令人惄焉心憂？

雖然「仰不愧於屋漏」，但因風雨喧嘩，擾耳難眠。聽無線電廣播說：次晨八時，可望「安廸」遠颺。可是挨到上午十時，風威雨勢，反而更形猖狂；室內也是「雨腳如麻未斷歇」，忙於用盆桶接漏，使人心煩氣餒。這時屋頂上忽然傳來人語聲、足踏聲、揮鋤聲和鐵皮抖動聲，似乎有人正在冒險工作。是誰在這個節骨眼上，爬上高樓屋頂，去補苴罅漏呢？

由於本區全面停電，既無電梯可乘，也無對講機通話，住在十四層頂樓上，幾與外界聯繫，完全斷絕。只有乾瞪着眼：「臥聽蕭蕭雨打窗」了。不料居然有人體念到頂樓居戶的困擾，竟從底層直上屋頂，冒着疾風驟雨的威脅，檢視屋漏，疏導積水。約摸半個小時後，屋頂平臺積水消退，室內漏雨現象亦告止息。這雖然是件微不足道的小事，但察微知著，事在人爲。當兩個清潔工渾身透溼從樓頂上蹣跚而下時，我眞想揮手致敬，他們倆才眞是本大厦的無名英雄哪！

「行者常至，爲者常成。」任何事只要你肯去行去爲，總可以達於標的。颱風之夜，那些在街頭維持秩序和治安的警員，那些外出採訪，奔走消息的記者，那些涉水拯災的醫院救護人員，那些加班載客，往返不停的巴士司機，那些清理垃圾，疏導溝渠的清潔工友，那些辛勤工作、默默奉獻、勞動不息的人們，……才是這個動蕩社會的中堅份子，才是力挽狂瀾的中流砥柱，從平凡中見出堅忍，從艱苦中顯現精神。

而我置身於高樓之上，從帷幕間俯瞰人寰，連百級階梯都怯於攀爬的懶人，豈有資格去批評他人、責備他人？當颱風悄然止息時，我這枝禿筆也不禁戛然自止了。

一九八二年八月

玉

幾位年輕的朋友，合開了一片小小玉器公司。某日在路上不期而遇，盛意殷渥地邀我就近去參觀，使一向足少出戶、孤陋寡聞的鄙人，不禁大開眼界。

左邊的櫃枱上，掛的全是意大利玉，淺碧晶瑩，屬於輭玉類，較易雕琢。大多雕成項墜、玉佩等飾物，有龍、鳳、象、兎、雙魚、秋蟬、花卉、果實等動植物圖形；有的是福祿壽喜等吉祥字樣。綴以各色絲綹編成的花紋結飾，依其體積大小及雕工繁簡，價格自二百元至千元不等。

右邊的櫃枱，則多爲泰國星石及來自香港的玉塊，圖案較簡，色彩亦較暗，然別有古拙之趣。玻櫃中陳列着的則爲翡翠硬玉之類，精琢細磨，色澤絢麗，身價名貴。

記得其中有一粒玉墜，雕成蝦形，背紅腹碧，六足瑩白，順着美玉的天然形色，雕成一隻剛剛出鍋的小小彎蝦，生動有趣，十分可愛。

老闆解說：這樣一粒玉墜，天然具有紅綠白三色，十分難得，命名曰「福祿壽」，價值約新臺幣二萬餘元。由此而聯想到故宮博物院的那棵「翠玉白菜」、那塊「五花肉石」和那枚「白玉苦瓜」，那種天生的色澤身態，再加上巧手匠心，造就得它們栩栩如眞，其名貴尤其可想。

玉自古比德於君子，詩秦風：「言念君子，溫其如玉。」箋：「玉有五德」疏：「溫潤而澤，仁也；縝密以栗，知也；廉而不劌，義也；垂之如墜，禮也；孚尹旁達，信也。」是以古之君子喜佩玉，用以節行止，象五德。禮玉藻：「行則鳴佩玉」。在明清兩朝、玉帶是一品大員的服飾。現在民主時代，只要你喜歡它，人人可以鳴佩而行。俗諺說：「豐年玉、荒年穀。」臺灣的玉飾流行，玉佩鏗鏘，自是經濟起飛的佳兆。

以玉贈人，亦是自古以來的最佳禮品。詩秦風：「何以贈之？瓊瑰玉佩。」又楚辭九歌：「捐予袂兮江中，遺予佩兮澧浦。」我那位年輕朋友雖是生意人，但性格卻很豪邁慷慨，他很想送我一枚玉佩，加以自編的垂纓結飾，繫在腰間，既頗時髦「西潮」，也很古典「中國」。他要我在四壁琳瑯中隨意挑選，我卻歉然婉謝了。一方面因我乃孔夫子之信徒，謹守着「一介不取」的古訓；另方面也有點古詩人的情懷，「還君玉佩雙淚垂，恨不相逢未老時！」人老了豈可佩玉？玉色的晶瑩溫潤，豈不更襯托出蒼顏華髮？就這樣化雙淚爲仰天一笑，步出了那間玉室。

回家之後，對故宮博物院內那棵翠玉白菜，忽然動了相思。記得在百貨公司中，似曾看到一些仿製品，價格頗不便宜，但銷路卻很不錯。聽說一般外國觀光客及本省有錢佬都很愛購買，只是任誰都比不上那件故宮眞跡。如此天生尤物，絕代佳人，能不動我詩情，入我淸夢？歌一闋，頌「翠玉白菜」：

「我躺在故宮博物院的玻璃帳裏，
醒了又睡，睡了又醒。
醒來、仍聽到葉縫間那兩隻螽斯草蟲的唧唧淸吟。
是誰？用巧手慧心使我脫胎換骨？
是誰？使我脈絡隱隱而又莖葉靑靑？
多少次刀光劍影，鐵騎縱横，
而我依然生意盎然，瑩潔無痕。
多少次生離死別，血淚繽紛，
而我仍舊玲瓏剔透，步態蹁躚。
古中國啊！今中國啊！
我爲你而生，爲你而存，爲你輪廻萬世、萬世輪廻。
看！多少人向我含情凝睇？多少人向我頂禮低徊？
我究竟是誰？
不是你，也不是他，更非故我。

我只是隱在時間洪流裏，被造化之
手指、偶然點度而成的一棵翠玉白菜，
歷萬刼而心魂永在。
在沉酣入夢之前、且再灑然一笑吧！
面對着塵世間這些匆匆過客。」

一九八二年十一月

狗年談中國古詩辭中的狗

最早的「犬」字，應是見於詩經小雅巧言篇：「奕奕寢廟，君子作之。秩秩大猷，聖人莫之。他人有心，予忖度之。躍躍毚兎，遇犬獲之。」

他人有巧心，我能忖而度之；疾跳之狡兎，犬能遇而獲之。這是以犬比喻自身，也是詩的作法——賦、比、興三者中之一、「比」也。可見古人以犬自喻，並無鄙視它之意。此後引申爲「狡兎死，走狗烹。」爲狗鳴其不平。一直到今日電視節目中的「神仙、老虎、狗。」三者並稱，更是爲狗張目，掃去「畫虎不成反類狗」之譏。

其次詩經國風召南：「野有死麕，白茅包之。有女懷春，吉士誘之。林有樸樕，野有死鹿，白茅純束，有女如玉。舒而脫脫兮，無感我帨兮，無使尨也吠。」

按尨者、長毛犬也，俗稱獅子狗是。最後三句試譯爲語體：「放緩你的動作慢慢來吧，不要觸動我的手帕，不要使我的獅子狗有一聲驚吠啊！」這幾句詩描寫得多麼生動有趣，一位懷春少女，對於引誘她的吉士，半推半拒，嬌俏動人，且拿一隻伶俐的長毛狗作爲她半遮面的道具哩。

其三、詩齊風：「盧令令，其人美且仁；盧重環，其人美且鬈；盧重鋂，其人美且偲。」

按盧爲田犬，令令爲犬頷下環聲，重環爲子母環，重鋂爲一環貫二者。這位携犬狩獵的公子，既俊美仁慈，又鬈髮多鬚。看來一位臉上于偲于偲的時髦少年，手牽着一頭環聲鈴鈴的俊犬走過，無論古今中外，都視之爲世人所傾慕讚賞的美男子典型啦。

楚辭中也犬吠之聲，如九辯：「猛犬狺狺而迎吠兮！」

又九歌雲中君：「猋遠擧兮雲中。」按猋乃犬走貌。

犬不知何時與人類結成了最好的朋友？他爲人類看門、守夜、防盜、狩獵、忠誠、信用、死生不渝。人類所欠缺的美德，犬皆有之。是以俗諺說：「養人不如養狗。」用文言說：即是某也「犬彘之不若。」

老子「道德經」精簡絕儔，雖僅寥寥五千言，然其中也有一聲犬吠。所謂「鄰國相望，鷄犬之聲相聞。」犬聲象徵着老氏理想的烏托邦。詩經與老子的時代都在孔子之前，足證遠在二千五百年前，犬與人類就已結了良緣。

西方電影中的靈犬來茜，自是身價超羣。其他一般名種珍犬，食必牛肉，出必汽車，居必華屋，以視那些惶惶然不可終日的「喪家之犬」，相差眞不可道里計，看來「犬生」也有幸有不幸呢！

不過，在古中國傳說中：「淮南鷄犬，亦可昇天。」所謂「鷄鳴天上，犬吠雲中。」那隻日夜守着南天門的仙犬，那隻能吞蝕下整個月亮的天狗，還有那隻緊隨二郎神，狂咬孫行者的神獒，……想必都永不會被屠狗者捉去下鍋，煮成香肉，來奠祭人類的五臟廟吧？

歲次壬戌，年肖屬犬。狗年談狗，謹祝福狗運亨通，上上大吉。

一九八二年二月

後記

殷正慈

「願車馬、衣輕裘，與朋友共，敝之而無憾。」這是子路的志向。而我四海萍飄，談不上有什麼肥馬輕裘與朋友共。只有在久歷遷徙的行囊中，積存着幾十篇東塗西抹的散文，敝帚自珍，可以當歌、當哭、當歸、當酒，與朋友共，雖哂之而無憾。

在此應感謝徐敍賢、袁恆昌兩位學長，在他們前後主編「珞珈」季刊多年期間，曾多方逼我撰文投稿，也屢次促我結集成書。更感謝中央圖書館汪雁秋女士和文史哲出版社彭正雄先生，由於二位的熱心推介及協助，使得這本集子能够刊行面世。最後還得謝謝外子紹啟每篇甫一脫稿，他是我的第一個讀者，並且時時予我以直言批評。

衷心希望海內外朋友與讀者，對於這枝曾在人生旅途上掃過一痕淡淡陳跡的敝帚，予以顧盼及匡正。

一九八三年四月